中国证券监督管理委员会年报

China Securities Regulatory Commission Annual Report

中国证券监督管理委员会　　编著

2018

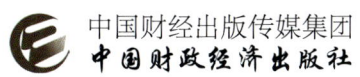

中国财政经济出版社

图书在版编目（CIP）数据

中国证券监督管理委员会年报 .2018/ 中国证券监督管理委员会编著． —— 北京：中国财政经济出版社，2019.5

ISBN 978-7-5095-8977-9

Ⅰ.①中… Ⅱ.①中… Ⅲ.①证券交易－金融监管－中国－2018－年报 Ⅳ.① F832.51-54

中国版本图书馆 CIP 数据核字（2019）第 082419 号

责任编辑：胡　懿　　　　　　责任校对：李　丽

中国财政经济出版社 出版

URL：http://www.cfeph.cn

E-mail：cfeph@cfemg.cn

（版权所有　翻印必究）

社址：北京市海淀区阜成路甲 28 号　邮政编码：100142

营销中心电话：010-88191537

北京时捷印刷有限公司印装　各地新华书店经销

880×1230 毫米　16 开　8.25 印张　215 000 字

2019 年 5 月第 1 版　2019 年 5 月北京第 1 次印刷

定价：98.00 元

ISBN 978-7-5095-8977-9

（图书出现印装问题，本社负责调换）

本社质量投诉电话：010-88190744

打击盗版举报热线：010-88191661　QQ：2242791300

目录 | Contents

主席致辞	1
中国证监会简介	7
监管架构	9
管理层	10
组织架构	11
国际顾问委员会	12
经费来源	13
人力资源	13
全面从严治党	15
狠抓政治建设和思想建设	17
深入开展纪检监察工作，不断强化日常监督	17
加强党的组织建设	18
资本市场发展情况	21
多层次股权市场	23
交易所债券市场	29
期货与衍生品市场	30
基金市场	33
资本市场经营机构	33

服务实体经济发展　　　　　　　　　　35

- 支持民营经济发展　　　　　　　　　37
- 助推"一带一路"建设　　　　　　　38
- 支持"双创"　　　　　　　　　　　38
- 服务脱贫攻坚　　　　　　　　　　　39
- 服务"三农"　　　　　　　　　　　40
- 支持绿色发展　　　　　　　　　　　41
- 服务国企改革　　　　　　　　　　　41

依法全面从严监管　　　　　　　　　43

- 强化日常监管　　　　　　　　　　　45
- 稽查执法和打非清整　　　　　　　　47
- 防范化解金融风险　　　　　　　　　49
- 资本市场法治建设　　　　　　　　　50

保护投资者合法权益　　　　　　　　51

- 完善投资者保护制度　　　　　　　　53
- 健全投资者行权维权机制　　　　　　53
- 提升投资者服务水平　　　　　　　　53
- 加强投资者教育　　　　　　　　　　53

对外开放　　　　　　　　　　　　　55

- 资本市场互联互通　　　　　　　　　57
- 投融资跨境双向流动　　　　　　　　57
- 扩大对港澳台开放　　　　　　　　　58
- 国际交流与合作　　　　　　　　　　59

附录 — 61

附录1 证券期货市场 2018 年监管大事记 — 63
附录2 2018 年中国证监会颁布的部门规章和规范性文件 — 66
附录3 系统单位简介及联系方式 — 68

附表 — 77

附表1 中国证券期货市场主要统计数据（2009-2018 年）— 79
附表2 证券公司一览表 — 80
附表3 基金公司一览表 — 86
附表4 期货公司一览表 — 91
附表5 合格境外机构投资者一览表 — 97
附表6 合格境外机构投资者托管银行一览表 — 108
附表7 人民币合格境外机构投资者一览表 — 109
附表8 境外证券类机构驻华代表处一览表 — 118
附表9 境外交易所驻华代表处一览表 — 120
附表10 双边监管合作谅解备忘录一览表 — 121

后记 — 124

主席致辞

2018年是贯彻党的十九大精神的开局之年，是改革开放40周年。回顾这一年，资本市场面临的国内外形势错综复杂，改革发展稳定任务艰巨繁重，中国证券监督管理委员会（以下简称中国证监会）深入学习贯彻习近平新时代中国特色社会主义思想，坚持稳中求进工作总基调，把"六稳"的要求贯彻到资本市场监管工作各方面，加快资本市场改革和扩大对外开放，服务供给侧结构性改革和经济高质量发展取得积极成效。

加快推进资本市场基础制度改革，持续激发市场活力。2018年以来，世界经济增长动能减弱，国内经济下行压力有所加大，我国资本市场面临的风险和困难明显增多。我们顶住压力、保持定力，立足国情市情，充分借鉴国际市场有益经验，加大基础制度改革力度，着力破除制约资本市场功能发挥的体制机制障碍。贯彻落实习近平主席在第一届中国国际进口博览会开幕式上的主旨演讲精神，制定在上海证券交易所设立科创板并试点注册制的总体实施方案及实施意见，全力落实这项重大改革任务。大力优化股债融资和并购重组制度，保持新股发行常态化，改革再融资制度，优化并购重组分道制审核。改革上市公司监管制度，修订上市公司治理准则，支持上市公司回购股份。改革退市制度，完善重大违法强制退市主要情形，全年共8家公司退市。

积极拓宽市场化融资渠道，支持服务实体经济高质量发展。一年来，我们立足服务实体经济的根本宗旨，不断深化资本市场功能，努力提高直接融资比重。学习贯彻习近平总书记在民营企业座谈会上的重要讲话精神，把服务民营企业贯穿到资本市场各项工作中。推出民营企业债券融资支持工具，开展交易所债券市场信用保护工具试点，探索小微企业融资服务新模式。积极发挥并购重组主渠道作用，助力供给侧结构性改革、国企混合所有制改革和军民融合发展。明确创业投资基金作为上市公司股东的差异化监管安排，推动将创业投资企业和天使投资人税收优惠政策试点范围扩大到全国，进一步完善支持创新的资本形成机制。积极发展期货及衍生品市场，平稳推出原油期货、纸浆期货、乙二醇期货和2年期国债期货以及铜期权等新品种新工具。全年资本市场共实现融资约7.1万亿元，其中核准105家企业IPO，融资1378亿元；上市公司再融资约1万亿元；交易所债券市场发行各类债券5.69万亿元，同比增长45%；并购重组交易金额达2.58万亿元，同比增长38%，为实体经济健康稳定发展注入了活力。

强化工作协同，积极防范化解资本市场重点领域风险。一年来，在国务院金融稳定发展委员会统一指挥协调下，我们多措并举，稳妥推进重点领域风险防范化解取得阶段性进展。加强对股票质押风险的动态监测分析，鼓励通过引进战略投资者、续期展期等市场化方式化解风险。对符合条件的发行人建立持续融资机制，积极推动个案违约风险处置，有效化解债券集中违约风险。牵头建立央地联动、"行""刑"联动、稽查与司法联动的工作机制，重点做好"阜兴系"风险处置，私募基金风险得到初步管控。持续推进清理整顿各类交易场所"回头看"后续工作，推动部分区域性股权市场整改规范，各类金融乱象得到有效遏制。

加快推进资本市场对外开放迈出新步伐。一年来，我们加快扩大资本市场对外开放，各项开放措施接连落地。加快推进证券期货行业对外开放，放宽证券机构外资持股比例限制及业务范围。深化境内外市场互联互通，A股成功纳入富时罗素和标普道琼斯指数；放宽外国人开立A股账户政策，优化沪深港通机制。

期货市场对外开放迈出实质性步伐，成功推出面向国际投资者的原油期货，铁矿石期货、PTA期货顺利引入境外交易者。积极服务"一带一路"建设，上交所参股的阿斯塔纳国际交易所正式开业，支持首家境内企业到中欧国际交易所发行D股，扩大熊猫债发行试点，开展"一带一路"专项债券试点。

保持战略定力，努力维护资本市场平稳运行。2018年以来，各类风险因素持续暴露，维护股市稳定运行面临较大压力。我们注重发挥市场机制作用，坚持以改革开放来稳定预期、提振信心。一方面，在国务院办公厅的指导协调下，建立了维护资本市场稳定的综合性工作机制，主动加强与市场的沟通，及时宣传政策，释放信号，有效稳定市场预期。加强与人民银行、中国银保监会等的信息共享和监管协同，强化对股市、债市、汇市的联动风险防范。另一方面，全面加强市场监测监控，提升资本市场逆周期应对能力。完善异常交易监控、停复牌等交易制度，进一步优化交易监管，保证公平交易和提高市场流动性。

切实履行监管职责，法治建设和依法监管取得积极成效。完成《公司法》股份回购制度专项修订，配合全国人大做好《证券法》《刑法》修订和《期货法》立法工作。操纵市场和利用未公开信息交易犯罪刑事司法解释已经最高法、最高检原则审议通过。进一步强化以信息披露为中心的上市公司和非上市公众公司监管，规范证券基金期货经营机构股东行为。加大稽查执法力度，聚焦重点领域和市场关切，严厉打击违法违规行为，全年共做出行政处罚决定310份，罚没金额首次突破百亿元，市场禁入50人次。加快推进监管科技建设，发布监管科技总体建设方案，出台稽查执法科技化建设工作规划，中央监控系统一期全面投入使用，为提高监管执法效率提供重要支撑。

着力推动机制建设，加强投资者合法权益保护。投资者保护机制更加健全，手段更加丰富。将证券期货纠纷多元化解机制由试点转入全面实施。投资者赔偿案件损失计算难问题取得突破。开通中国投资者网，利用科技化信息化方式保护投资者。完成全国股票市场投资者状况调查。成功举办首届中小投资者服务论坛。牵头制定国际证监会组织（IOSCO）全球中小投资者诉求处理与权益救济指引。在世界银行《2019年营商环境报告》中，我国"保护中小投资者"指标排名从2017年的第119位提升至第64位。

坚决贯彻新时代党的建设总要求，扎实推进证监会系统全面从严治党取得新进展。切实将持续深入学习贯彻习近平新时代中国特色社会主义思想和党的十九大精神作为首要政治任务，在学懂弄通做实上下狠劲。以政治建设为统领，全面加强系统党的各项建设。切实做到"一个带头"，做好"三个表率"，努力建设模范机关。积极构建立体化监督体系，推进廉政监察全覆盖。全面加强作风建设，持续整治形式主义、官僚主义。坚持"好干部"标准，建设"忠专实"的高素质干部队伍。

2019年，中国证监会将自觉以习近平新时代中国特色社会主义思想为指导，深入贯彻落实中央经济工作会议和政府工作报告精神，树牢"四个意识"，坚定"四个自信"，坚决做到"两个维护"，坚持稳中求进工作总基调，坚持新发展理念，紧扣深化金融供给侧结构性改革和经济高质量发展的要求，坚持市场化法治化的方向，准确把握职责定位，把防范化解金融风险放在更加突出的位置，扎实推进资本市场改革发展稳定各项工作，努力打造一个规范、透明、开放、有活力、有韧性的资本市场。

一是必须敬畏市场，尊重规律、遵循规律，毫不动摇地推进资本市场健康发展。发展资本市场的核心就是要立足我国实际，不断深化对金融本质、初心和规律的再认识，坚持按市场规律办事。通过大力拓展各类股权融资渠道，促进债券市场协调发展，积极发展期货市场，推进融资结构完善，为经济社会发展和人民群众需要提供更高质量、更高效率的金融服务。

二是必须敬畏法治，坚持依法治市、依法监管，切实保护投资者的合法权益。加强监管，保护投资者合法权益，是中国证监会的天职。我们将坚持增量和存量并重，把好市场入口和出口两道关，加强全程监管，努力提高上市公司质量。我们将推进《证券法》

等法律法规的修订，大幅提升资本市场违法违规成本，通过持续监管和精准监管净化市场生态。我们将进一步加大投资者教育和保护力度，积极倡导理性投资、价值投资和长期投资。

三是必须敬畏专业，强化战略思维、创新思维，全面深化资本市场改革开放。 坚持市场导向、法治导向、监管导向，加强顶层设计，增强战略定力，稳步推进重点关注问题的改革创新，在改革中、在发展中破解难题。在上交所设立科创板并试点注册制是当前的首要任务，我们将继续扎实细致做好准备工作，推动这项重大改革有效落实落地，以此带动资本市场全面深化改革。完善资本市场基础制度，统筹推进相关上市板块的综合改革，深化交易监管改革。从市场、行业、产品等维度，全方位推进资本市场高水平对外开放，以开放促改革、促发展。

四是必须敬畏风险，坚持底线思维、运用科学方法，着力防范化解重大金融风险。 防范化解金融风险，特别是防止发生系统性金融风险，是监管工作的底线和根本性任务。我们将切实增强忧患意识，坚持历史观和辩证法，坚持精准施策，精准做好重点领域风险防范化解处置工作。完善资本市场逆周期应对机制，健全及时反映风险波动的信息系统。大力推进科技监管，充分运用大数据、人工智能等科技手段，提升对以上市公司为重点的智能化专业监管能力。进一步平衡好事前、事中和事后监管的关系，推进监管关口前移，完善风险监测、预警和处置机制，强化监管效能和震慑作用。

资本市场是一个内涵丰富、机理复杂的生态系统，改革发展稳定各项工作都离不开方方面面的支持。新的一年，我们将按照党中央、国务院决策部署，主动加强与相关部委、地方党委政府和市场各方的沟通协作，努力形成工作合力，共同促进资本市场高质量发展，以优异的成绩迎接中华人民共和国成立70周年。

易会满

中国证券监督管理委员会　主席

中国证监会简介

监管架构

管理层

组织架构

国际顾问委员会

经费来源

人力资源

中国证券监督管理委员会（以下简称中国证监会）成立于1992年10月，是国务院直属正部级事业单位，2016年被批准参照《中华人民共和国公务员法》管理。中国证监会依照相关法律法规和国务院授权，统一监督管理全国证券期货市场，维护证券期货市场秩序，保障其合法运行。

监管架构

中国证监会总部设于北京，内设20个职能部门[①]、4个直属事业单位，在各省（自治区、直辖市和计划单列市）设有38个派出机构（见图1-1），并管理20个系统单位。中国证监会会机关、派出机构和系统单位共同构成了统一有序的全国证券期货监管体系。

中国证监会会机关负责制定、修改和完善证券期货市场规章规则，拟定市场发展规划，办理重大审核事项，指导协调风险处置，组织查处证券期货市场重大违法违规案件，指导、检查、督促和协调系统监管工作。

派出机构受中国证监会垂直领导，负责辖区内的一线监管工作，主要职责是：根据法律、行政法规规定及中国证监会的授权开展行政许可相关工作，对辖区内上市公司、证券期货经营机构、证券期货投资咨询机构和从事证券业务的律师事务所、会计师事务所、资产评估机构等中介机构的证券期货业务活动进行监督管理；负责辖区内风险防范与处置；查处辖区内的违法违规案件；开展辖区内投资者教育与保护工作。

上海证券交易所（以下简称上交所）、深圳证券交易所（以下简称深交所）、上海期货交易所（以下简称上期所）、郑州商品交易所（以下简称郑商所）、大连商品交易所（以下简称大商所）、中国金融期货交易所（以下简称中金所）、中国证券登记结算有限责任公司（以下简称中国结算）、中国证券投资者保护基金有限责任公司（以下简称投保基金公司）、中国证券金融股份有限公司（以下简称中证金融）、中国期货市场监控中心有限责任公司（以下简称期货市场监控中心）、中证资本市场运行统计监测中心有限责任公司（以下简称中证监测）、全国中小企业股份转让系统有限责任公司（以下简称全国股转公司）、中国证券业协会（以下简称证券业协会）、中国期货业协会（以下简称期货业协会）、中国上市公司协会（以下简称上市公司协会）、中国证券投资基金业协会（以下简称基金业协会）等机构，对其会员（或参与人、上市公司、挂牌公司）及证券期货交易活动进行一线监管和自律监管。这些一线监管和自律监管构成证券期货监管活动的有效补充。

[①] 中国证监会内设机构的工作职责参见中国证监会网站（www.csrc.gov.cn.）。

管理层 ①

易会满
主席

| **阎庆民** | **李 超** | **方星海** | **赵争平** | **樊大志** |
| 副主席 | 副主席 | 副主席 | 副主席 | 驻证监会纪检监察组组长 |

---

① 中国证监会主席易会满，自2019年1月起担任中国证监会主席职务。
中央纪委国家监委驻中国证监会纪检监察组组长樊大志，自2019年4月起担任驻证监会纪检监察组组长。

组织架构

中国证监会组织架构（见图1-1）：

图 1-1　中国证监会组织架构

国际顾问委员会

国际顾问委员会（以下简称顾委会）是中国证监会的专家咨询机构，于2004年6月经国务院批准设立，由境外金融监管高级官员、金融机构高管以及知名专家学者组成。顾委会每年召开一次会议，针对中国证券期货市场的发展情况，介绍国际市场的最新动态及监管经验，为中国证监会提供咨询意见和建议，对促进中国证监会借鉴国际经验、加强国际合作交流、推动资本市场双向开放和长期健康发展持续发挥积极作用。顾委会设主席、副主席各1人，现共有委员17人（见表1-1）。

表1-1　　　　　　　　　　　　　　顾委会人员情况

主席

霍华德·戴维斯（Howard Davies）	苏格兰皇家银行主席、英国金融服务局前主席、伦敦政治经济学院前院长

副主席

史美伦（Laura M. Cha）	香港特别行政区行政会议非官守成员、香港交易所主席、中国证监会前副主席、香港证监会前副主席

委员

白泰德（Thaddeus T. Beczak）	新加坡交易所监管争议委员会委员、华兴资本合伙公司投资委员会委员、野村亚洲控股有限公司前董事长、摩根大通证券亚洲有限公司前总裁
陈志武（Zhiwu Chen）	香港大学亚洲环球研究所所长和经济金融学院冯国经冯国伦基金经济学教授，耶鲁大学金融学教授
简·迪普洛克（Jane Diplock）	阿布扎比监管委员会主席、新加坡交易所董事、国际综合报告理事会治理与提名委员会主席、公众利益监督委员会委员、新西兰证监会前主席、国际证监会组织（IOSCO）前执委会主席
托马斯·法雷（Thomas Farley）	纽约证券交易所前总裁
何晶（Ho Ching）	淡马锡公司首席执行长
戴赫龙（Colm Kelleher）	摩根士丹利总裁
沃尔特·卢肯（Walt Lukken）	国际期货业协会总裁和首席执行官，美国商品期货交易委员会前委员、执行主席
里奥·梅拉梅德（Leo Melamed）	芝加哥商业交易所集团终身荣誉主席、Melamed & Associates 全球咨询公司主席兼首席执行官
浦伟光（Stephen Po）	香港保险业监管局市场行为部执行董事，香港证监会中介机构监察科前高级总监、IOSCO 市场中介机构监管委员会前主席

续表

米歇尔·普拉达（Michel Prada）	法国公共部门会计准则委员会主席，国际财务报告准则基金会受托人委员会前主席、法国金融监管局前主席、IOSCO前执委会和技术委员会主席
玛丽·夏皮罗（Mary Schapiro）	彭博新闻社副董事长、美国证券交易委员会前主席、美国商品期货交易委员会前主席、美国金融业监管局前首席执行官
沈联涛（Andrew Sheng）	香港大学亚洲环球研究院杰出研究员、香港证监会前主席、香港金融监管局前副总裁、IOSCO前技术委员会主席
邵蓓兰（Barbara Shiu）	香港交易所风险管理委员会委员、香港证监会中介监管部前高级总监、中银国际控股有限公司前首席风险官
大卫·莱特（David Wright）	欧洲金融智库EUROFI主席、Flint Global咨询合伙人、IOSCO前秘书长、前欧盟委员会智库成员
俞在勋（Jaehoon Yoo）	亚洲基础设施投资银行（AIIB）国家对话行长高级顾问、主计师兼审计局局长、韩国金融服务委员会证券期货局前常任委员、韩国前企划财政部国库局局长、前世界银行高级专家

专栏 中国证监会国际顾问委员会第十五次会议在北京召开

2018年11月25—26日，顾委会第十五次会议在北京召开。会议主题为"新形势下资本市场的对外开放和风险防范"。与会委员高度评价40年来中国改革开放和资本市场建设取得的重要成就，高度赞赏习近平主席2018年在博鳌亚洲论坛和首届中国国际进口博览会上的重要讲话，一致认为中国政府坚定不移推进资本市场对外开放的政策举措将给中国资本市场的市场化、法治化、国际化建设注入强大动力。会议围绕全球经济金融复杂多变形势，重点研讨了开放环境下中国资本市场监管和风险防范面临的挑战和任务，专题交流了规范发展私募基金的相关经验，并提出了针对性咨询意见。

经费来源

中国证监会经费收支全部纳入国家财政预算管理，证券期货市场监管费不属于中国证监会收入，直接上缴国库。中国证监会的经费支出完全由预算内拨款。

人力资源

截至2018年底，中国证监会工作人员共3159人。其中，会机关745人，派出机构2414人，占比分别为24%和76%；工作人员平均年龄为37.4岁。

全面从严治党

狠抓政治建设和思想建设

深入开展纪检监察工作,不断强化日常监督

加强党的组织建设

狠抓政治建设和思想建设

深入学习宣传贯彻习近平新时代中国特色社会主义思想和党的十九大精神

坚持以习近平新时代中国特色社会主义思想为根本指引，深入学习宣传贯彻党的十九大精神，不断增强"四个意识"，坚定"四个自信"，自觉做到"两个维护"，切实加强党的政治建设和思想建设。认真落实《中共中央政治局关于加强和维护党中央集中统一领导的若干规定》精神，组织机关党支部开展"做到'一个带头'、做好'三个表率'、建设'模范机关'"学习讨论。2018年，中国证监会以集体研讨和辅导视频等形式召开党委理论学习中心组会议10次；组织一批"80后""90后"青年深入27地40家派出机构和会管单位，开展31场交流活动；举办干部脱产培训班，部署各支部深入学习贯彻习近平总书记关于加强中央和国家机关党委的政治建设重要指示精神；编印图书《党委书记讲党课》《新时代·青年说》，多渠道、多平台全方位宣传党的十九大精神。

持续推进"两学一做"学习教育常态化制度化

注重强化党员干部理论武装，扎实推进"两学一做"学习教育常态化制度化，健全学习教育报告制度，把推进学习教育常态化制度化情况作为党建工作考核的重要内容抓紧抓实。通过党课、专题辅导、交流座谈等多种形式常态化开展"两学一做"学习教育。认真落实领导干部双重组织生活制度，督促党委成员参加支部组织生活。2018年全年，中国证监会党委委员在党支部讲党课6次。结合纪念建党97周年，组织机关各党支部开展"不忘初心，重温入党志愿书"主题党日活动；组织机关干部职工观看马克思诞辰200周年展、庆祝改革开放40周年大型展览等；举办首期会机关党支部委员专题培训班。

深入开展纪检监察工作，不断强化日常监督

狠抓政治纪律和政治规矩

把严守政治纪律和政治规矩作为纪律建设的重中之重，坚决落实好"两个维护"。狠抓党的基本理论、基本路线、基本方针和重大战略部署在证监会系统的贯彻落实，持续强化证监会系统各级党组织和全体党员干部的政治意识。深刻汲取赖小民严重违纪违法、秦岭违建别墅问题等案件教训。认真落实中央关于深化派驻机构改革的相关文件和会议精神，细化任务清单，明确责任部门和落实举措。对上一轮中央巡视移交问题线索处置情况进行"回头看"。围绕持续净化政治生态，严把选人用人政治关、廉洁关和形象关，严格执行任职回避制度，防止利益冲突。围绕防范化解系统性风险和脱贫攻坚，着力强化纪律的保障支持作用。

全面从严执纪，持续发力"四种形态"

持续强化高压态势，加大对顶风违纪行为的处置力度，减存量、遏增量，不断巩固"不敢腐"的震慑。全年共立案18件19人，给予党纪政纪处分19人次，"双开"4人。通过层层传导压力，进一步强化对证监会系统各单位纪委和机关纪委监督执纪问责工作的督导。坚持严管厚爱，抓早抓小，在运用第一种形态上持续发力。中国证监会党委班子成员带头经常性开展谈话工作。全年运用"四种形态"201人次，立足抓早抓小，使咬耳扯袖工作常态化；为系统400余名会管干部建立电子廉政档案和廉政活页夹，科学研判"树木""森林"形势。高度重视案例警示教育，认真剖析证监会系统有关案件，持续做好以案促改工作，组织召开两次警示教育大会集中通报违纪违法典型案例并要求系统各单位在民主生活会上结合案件进行反思。在解决形式主义、官僚主义等"消极腐败"方面动真碰硬，印发专门工作方案，针对市场主体反映的问题展开约谈，就不担当、不作为等典型问题点名通报。

对权力运行进行全覆盖监察监督

推进发审委和并购重组委制度改革，将发审委和并购重组委选聘、运行、监察相分离，优化委员选聘机制，细化许可条件和监管要求；成立发行与并购重组审核监察委员会，坚持日常监察与专项监察并重，对发审委和并购重组委实施严格监督，将发审委委员、并购重组委委员、借调干部等纳入股票核查范围。围绕更好落实《监察法》，在全系统开展专项调研，对证监会系统各单位各部门的公权力情况进行全面摸底，印发派出机构公权力清单和领导班子责任清单，督促机关纪委对中国证监会机关公权力及廉政风险进行"大起底"，夯实监督和问责工作基础；组成5个工作组，对中国证监会行政执法全链条开展监察监督，覆盖线索发现、立案、调查、审理、复议各个环节，查找制度规则漏洞，进一步完善监督制约机制，督促严格执法、公正执法、文明执法、廉洁执法；制定《证券期货经营机构及其工作人员廉洁从业规定》及配套制度，明确证券期货经营机构承担廉洁从业风险防控主体责任，将廉洁从业情况纳入中国证监会的监管职责，着力破解"潜规则"和"围猎"问题。

深化巡视审计监督，强化日常监督，确保监督常在

制定巡视工作五年规划，扎实推进新一轮巡视全覆盖。坚持政治巡视定位，紧扣"六个围绕、一个加强"巡视重点，2018年分两轮完成对深圳证券交易所、上海证券交易所、北京证监局等共12家单位党委的巡视。对19家单位21位主要负责人开展经济责任审计。制定《中国证监会党委关于贯彻执行中央八项规定实施细则精神的规定》，紧盯关键节点，防止"四风"隐形变异。组织系统9家单位深入扶贫点就扶贫项目落实等过程中的作风问题作全面检查，完善扶贫沟通协作机制和项目实施的廉政监督机制，推动资助资金及时发放。发挥好机关纪委作用，运用大数据和电子比对技术对公务回避开展专项检查，进一步压实机关党支部的主体责任。把谈心谈话和教育提醒作为严格管理干部的常态化工作。严格执行干部兼职、因私出国（境）管理相关规定，认真落实领导干部及近亲属经商办企业等制度，加强对"裸官"管理规定的审核把关，认真落实个人事项报告两项法规。

加强党的组织建设

强化基层党支部功能

以提升组织力为重点，推动系统基层党组织全面进步、全面过硬。研究出台《中国证监会党委关于贯彻落实〈中国共产党支部工作条例（试行）〉的实施方案》，强化党支部政治功能，提升党支部工作标准化、规范化水平。认真落实"三会一课"、双重组织生活、民主评议党员等制度，严格党员组织关系管理，加强党内统计工作，用好管好党费，协调推进行业党建工作。制定《中国证监会机关党委工作制度》《中国证监会机关党委会议规则》《中国证监会机关党支部组织生活月报制度》，研究出台《中国证监会党委关于贯彻落实〈中国共产党支部工作条例（试行）〉的实施方案》，修订印发《机关党支部工作手册》，对"三会一课"、民主生活会、组织生活会、谈心谈话等组织生活的内容、程序做出明确要求。建立支部组织生活工作台账，督促各支部定期开展"三会一课"等组织生活。修订完善《证监会机关党建活动经费使用办法》，做好党员组织关系接转工作。提炼并推广10余个行之有效的支部特色做法，通过《机关党委信息》等载体宣传交流。

加强领导班子和干部队伍建设

认真学习贯彻全国组织工作会议精神，严格落实新时代党的组织路线，坚持"好干部"标准，着力建设政治过硬、本领高强、作风优良的资本市场干部人才队伍。坚持考准考实，严把选人用人政治关、廉洁关、形象关，严格落实任职回避和交流轮岗制度，落实党委书记、纪委书记"双签字"制度和"凡提四必"要求，防止干部"带病"提拔。坚持严管与厚爱结合，激励和约束并重，在从严管理的同时，认真落实

中央关于激励干部担当作为和关心关怀干部的有关精神，研究出台相关实施意见，营造出干事创业的良好氛围。着眼监管事业长远发展，深化年轻干部"选育管用"相关工作。

推进纪检监察干部队伍建设

高度重视纪检监察干部成长，充分发挥纪检监察岗位的政治历练平台作用，建立专门制度机制，确保锻炼成熟的纪委书记优先提拔重用。2018年，多名纪委书记被提拔为系统单位"一把手"和正局级领导干部，多名纪检办主任被提拔为会管干部。驻中国证监会纪检监察组统一联系、指导、评价和考核系统各单位纪检监察工作，纪委书记、副书记由驻中国证监会纪检监察组会同中国证监会党委组织部提名考察，纪检办主任、副主任统一报驻中国证监会纪检监察组审批同意。坚持提高一档监督，为所有纪检监察干部建立廉政活页夹。加大教育培训力度，通过以干代训、以岗代训等形式，不断提高纪检干部履职能力。突出机关纪委委员"议事"作用，严格落实集体决策制度，多方听取加强纪检监察工作的意见建议。定期召开机关纪委委员全会，传达上级机关各项部署及要求，研究讨论工作安排。组织全体纪委委员参加专题脱产培训，着力提升纪委委员政治意识和监督能力。

资本市场发展情况

多层次股权市场
交易所债券市场
期货与衍生品市场
基金市场
资本市场经营机构

多层次股权市场

交易所股票市场基本情况

市场规模。 截至2018年底，沪深两市上市公司3584家（见图3-1），全年净增99家。其中主板1923家，中小企业板922家，创业板739家。沪深两市总市值43.50万亿元，流通市值35.38万亿元，流通市值占总市值的81.34%。沪深两市总市值占2018年国内生产总值（GDP）的48.32%（见图3-2），总市值位居全球第二位，仅次于美国（见表3-1）。

图3-1 中国境内上市公司家数年度变化（1992-2018年）

资料来源：中国证监会。

图3-2 沪深两市股票总市值与GDP比值变化（1992-2018年）

资料来源：中国证监会。

表3-1　　　　　　　　　　　　　2018年底世界交易所市值排名

国家或地区排名			交易所排名		
排名	国家或地区名称	所属区域	交易所市值（亿美元）	名次	中文名称	交易所市值（亿美元）

排名	国家或地区名称	所属区域	交易所市值（亿美元）	名次	中文名称	交易所市值（亿美元）
1	美国	北美洲	304 363	1	纽约泛欧证券交易所（美国）	206 795
2	中国	亚洲	63 249	2	纳斯达克证券交易所	97 568
3	日本	亚洲	52 968	3	东京证券交易所	52 968
4	中国香港	亚洲	38 192	4	上海证券交易所	39 194
5	法国	欧洲	37 304	5	香港证券交易所	38 192
6	英国	欧洲	36 380	6	纽约泛欧证券交易所（欧洲）	37 304
7	印度	亚洲	20 835	7	伦敦证券交易所	36 380
8	加拿大	北美洲	19 379	8	深圳证券交易所	24 055
9	德国	欧洲	17 552	9	孟买证券交易所	20 835
10	瑞士	欧洲	14 412	10	印度国家证券交易所	20 563

资料来源：世界交易所联合会。

发行情况。 2018年，沪深两市发行A股①股票105只，合计融资约11 378亿元（见图3-3），同比下降26.76%。其中，首发融资1 378.15亿元，定向增发（现金认购）融资3 864.31亿元，定向增发（资产认购）融资4 557.12亿元，配股融资228.32亿元，优先股融资1 349.76亿元，再融资金额同比下降24.44%。

图3-3　A股市场历年融资额情况（1992-2018年）

资料来源：中国证监会。

注：此处A股融资额指通过IPO、增发（公开增发、定向增发现金及资产认购）、配股、权证行权等方式发行A股筹集的资金。IPO融资金额2015年以前以股份上市日口径统计，2015-2018年以股份完成申购日口径统计。除IPO之外，其余融资均采用股份上市日口径。

---

① A股又称人民币普通股票，是由中国境内公司发行，供境内机构、组织和个人（从2013年4月1日起，境内港、澳、台居民可开立A股账户）以人民币认购和交易的普通股股票。

交易情况。 2018年,上证综指下跌24.59%(见图3-4),深证综指下跌33.25%。全年上证综指振幅达46.46%。沪深两市日均成交金额为3 710.87亿元(见图3-5),较2017年减少898.25亿元,降幅为19.49%;沪市和深市股票换手率较2017年分别下降41.86个百分点和49.90个百分点。

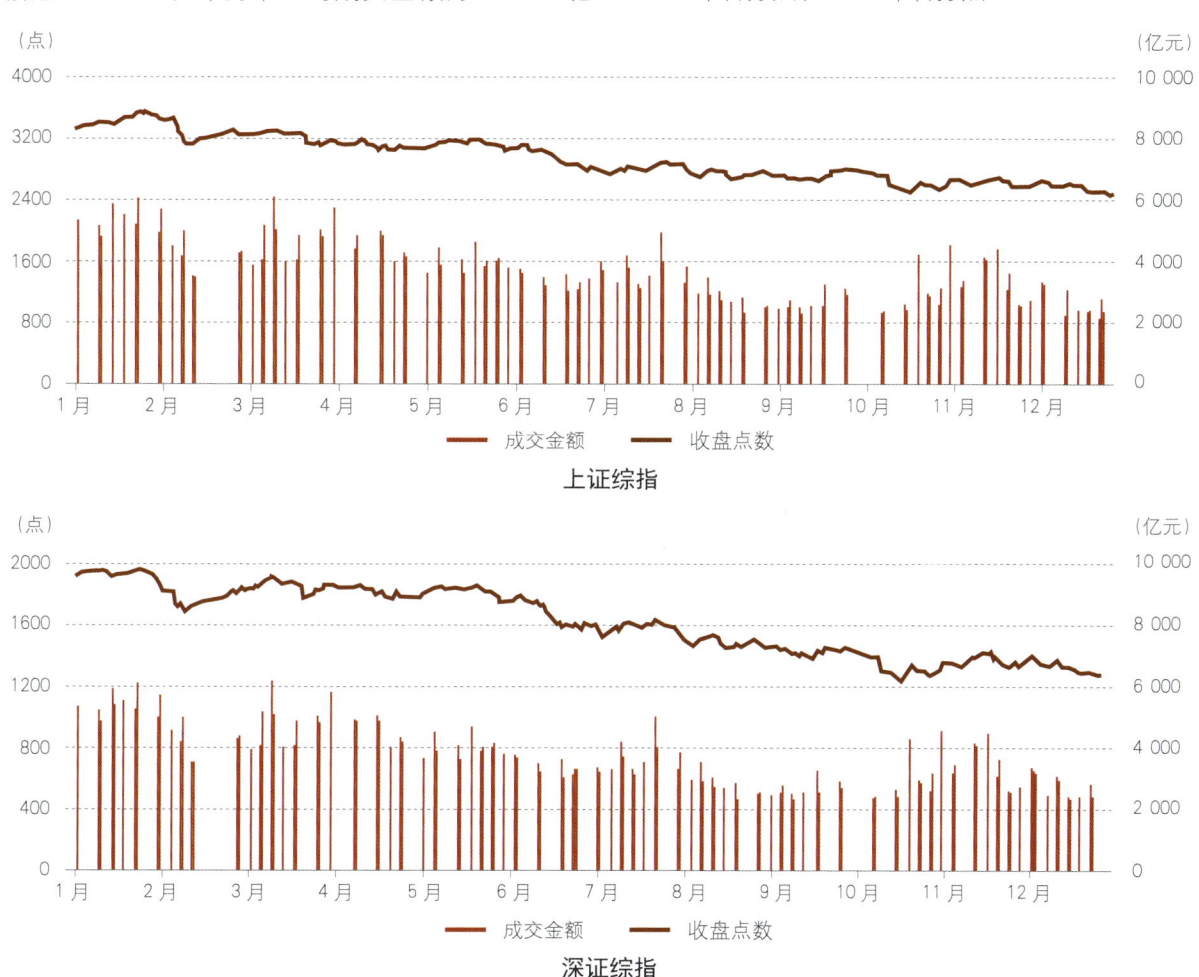

图3-4　2018年上证综指、深证综指走势

资料来源:中国证监会中央监管信息平台。

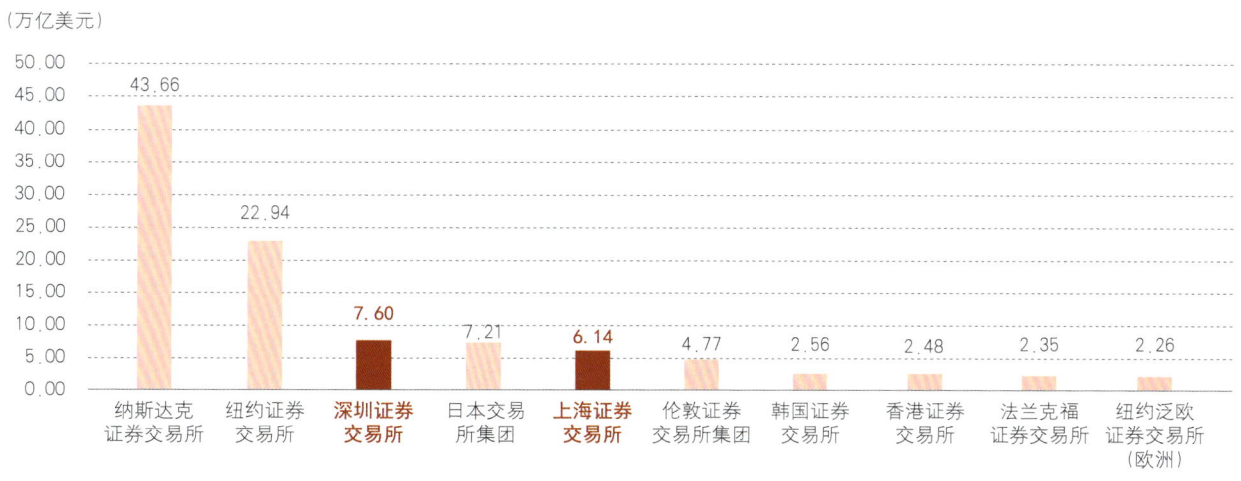

图3-5　2018年各交易所股票交易额

资料来源:世界交易所联合会。

完善股票发行制度。坚持新股常态化发行，基本消除困扰市场多年的IPO"堰塞湖"。截至2018年年底，在审企业共270家，对申报企业实现"即报即审"。坚持每周核发IPO批文，市场预期明确稳定。2018年，共核准102家企业IPO申请，融资1 378.22亿元；103家企业完成发行，融资1 374.88亿元。

优化再融资结构。再融资审核已实现"即报即审、审过即发"，平均审核周期3个月左右，上市公司再融资效率不断提高。2018年共核准183家企业再融资，融资6 211.64亿元；177家企业完成发行，融资4 119.93亿元。

持续深化并购重组市场化改革。开展并购重组监管工作适应性评估，深化"放管服"改革思路。推出"小额快速"审核机制；优化"分道制"审核安排；放宽募集资金使用限制；取消上市公司收购非金融企业"少数股权"的财务指标限制；调价机制设计和执行注重发挥治理机制作用；调整IPO被否企业筹划重组上市间隔期；试点定向可转债作为并购重组交易支付工具。2018年，境内上市公司共实施并购重组4 153单，交易金额2.56万亿元，分别较2017年上升50.20%和36.39%，A股市场已成为全球第二大并购市场。其中，经中国证监会核准的交易189单，交易金额7 267.21亿元，分别占市场总量的4.55%和28.42%，较2017年进一步下降。

完善上市公司股份回购制度。推动完成《公司法》有关公司股份回购条款的专项修改。联合财政部、国资委共同发布《关于支持上市公司回购股份的意见》，放宽对上市金融企业回购股份用于员工持股或股权激励的限制，加大回购资金支持力度，将现金回购股份视同现金分红，简化股份回购程序。2018年10月26日至12月31日，共有166家公司公布回购预案，拟回购金额上限达486.69亿元；实际日均回购金额为5.62亿元，是修改决定发布前的4.2倍。

推进上市公司停复牌制度改革。发布《关于完善上市公司股票停复牌制度的指导意见》。大幅简化重组预案披露内容，缩短停牌时间，重点完善重大资产重组停牌事项。瞄准"随意、任性"停牌苗头，坚决制止近200家上市公司大股东"停牌躲跌"；紧盯长期停牌"钉子户"，督促50余家长期停牌公司按期复牌；对停牌期限届满拒不申请复牌的银亿股份实施强制复牌。2018年12月31日，两市停牌公司14家，停牌率0.39%，低于美国、中国香港、日本等成熟市场，居世界前列。

完善上市公司退市制度。发布《关于修改〈关于改革完善并严格实施上市公司退市制度的若干意见〉的决定》，完善重大违法强制退市的主要情形，强化证券交易所的退市制度实施主体责任。沪深交易所发布重大违法强制退市实施办法及配套规则。2018年，中国证监会共对5家公司做出终止上市的决定。其中，*ST长生为首家因触发"五大安全"重大违法而终止上市的公司；中弘股份为第一家因股价低于面值退市的公司；*ST烯碳为第一家在公司盈利的情况下，因被会计师出具无法表示意见的审计报告而被终止上市的公司；此外，对金亚科技、*ST百特、*ST华泽3家公司启动重大违法强制退市程序。

全国股转系统发展情况

市场规模。截至2018年底，全国中小企业股份转让系统（以下简称全国股转系统）挂牌公司10 691家，总股本6 324.53亿股，总市值约3.45万亿元（见表3-2），其中创新层公司914家，基础层公司9 777家（见表3-3）；按国家统计局企业划型标准，中小微企业合计占比94%，小微企业占比63%，民营企业占比93%。

表3-2　　　　　　　　　　　　　全国股转系统规模变化

	2017年	2018年	同比变化
挂牌公司家数	11 630.00	10 691.00	−8.07%
总股本（亿股）	6 756.73	6 324.53	−6.40%
总市值（亿元）	49 404.56	34 487.26	−30.20%
发行次数	2 725.00	1 402.00	−48.55%
发行股数（亿股）	239.26	123.83	−48.24%
融资金额（亿元）	1 336.25	604.43	−54.77%
成交金额（亿元）	2 271.80	888.01	−60.91%
成交数量（亿股）	433.22	236.29	−45.46%
换手率（%）	13.47	5.31	−60.58%
市盈率（倍）	30.18	20.86	−30.88%
机构投资者（万户）	5.12	5.63	9.96%
个人投资者（万户）	35.74	37.75	5.62%

资料来源：全国中小企业股份转让系统。

表3-3　　　　　　　　　　　　全国股转系统挂牌公司行业分布

行业分类	2017年底		2018年底			
	公司数（家）	占比（%）	创新层	基础层	公司数（家）	占比（%）
制造业	5 804	49.91	400	4 876	5 276	49.35
信息传输、软件和信息技术服务业	2 284	19.64	217	1 867	2 084	19.49
租赁和商务服务业	607	5.22	37	521	558	5.22
批发和零售业	531	4.57	43	449	492	4.60
科学研究和技术服务业	509	4.38	30	476	506	4.73
建筑业	379	3.26	49	307	356	3.33
文化、体育和娱乐业	261	2.24	26	214	240	2.24
农、林、牧、渔业	223	1.92	30	196	226	2.11
水利、环境和公共设施管理业	198	1.70	16	170	186	1.74
交通运输、仓储和邮政业	197	1.69	23	169	192	1.80
金融业	144	1.24	12	119	131	1.23
电力、热力、燃气及水生产和供应业	130	1.12	7	115	122	1.14

续表

行业分类	2017年底		2018年底			
	公司数（家）	占比（%）	创新层	基础层	公司数（家）	占比（%）
房地产业	97	0.83	9	79	88	0.82
教育	88	0.76	5	76	81	0.76
卫生和社会工作	55	0.47	7	40	47	0.44
居民服务、修理和其他服务业	44	0.38	1	33	34	0.32
采矿业	42	0.36	1	38	39	0.36
住宿和餐饮业	37	0.32	1	32	33	0.31
合计	11 630	100.00	914	9 777	10 691	100.00

资料来源：全国中小企业股份转让系统。

发行情况。截至2018年底，共有1 322家挂牌公司完成1 402次股票发行，融资604.43亿元，平均单笔融资额4 312万元。在上述发行融资中，现金认购比例[1]达92%；非金融企业融资569.96亿元，占比94%；贫困地区企业融资23.26亿元，同比增长65%；2018年年内共有9家挂牌公司完成优先股发行，募集资金2.59亿元。

投资者情况。截至2018年底，投资者账户合计43.38万户，同比增加2.52万户。其中，合格和受限投资者分别为22.34万户和21.04万户，占比分别为52%和48%；个人和机构投资者分别为37.75万户和5.63万户，占比分别为87.03%和12.97%；有持股的合格投资者10.42万户，占合格投资者总数的47%；有持股的合格机构投资者1.84万户，占合格机构投资者总数的46%。

挂牌公司业绩状况。根据按期披露年报的9 290家挂牌公司数据，2018年"新三板"挂牌公司共实现营业收入1.85万亿元，同比增长12.36%；净利润808.16亿元，同比下降15.61%。

完善市场制度。修订完善《全国中小企业股份转让系统转让细则》，引入集合竞价，优化协议转让方式；发布《关于挂牌公司股票发行有关事项的规定》并修订相关业务指南，推出授权发行制度，实施并联审查机制；发布《全国中小企业股份转让系统做市商评价办法（试行）》，建立做市商激励约束机制，引导做市商积极、合规做市；修订多项挂牌公司重大资产重组业务规则，完善重大资产重组认定标准，优化相关停复牌制度，明确募集配套资金的监管要求，调整涉及权益变动与收购披露的要求。

区域性股权市场规范发展

发布《区域性股权市场信息报送指引（试行）》，对区域性股权市场信息报送工作做出规范要求。组织召开区域性股权市场规范发展座谈会。统筹推进区域性股权市场信息系统规范工作。截至2018年12月底，全国共设立34家区域性股权市场，共有挂牌企业2.48万家（其中股份公司8 395家），展示企业9.86万家，全年累计为企业实现融资1 783亿元。

---

[1] 现金认购比例＝募集现金／融资总额。

交易所债券市场

市场概况

市场规模。 截至2018年底,交易所债券市场托管面值约10.73万亿元(见图3-6),同比增长11.80%。交易所债券市场存量债券12 887只,其中政府债券1 452只,政策性金融债12只,企业债(含铁道公司债)1 871只,公司债5 834只,可转债118只,可交换债142只,资产支持证券3 458只。

融资情况。 截至2018年年底,交易所债券市场发行各类债券(含公司债券、资产支持证券、地方政府债券、政策性金融债券)2 957只,融资56 877.71亿元(见图3-7),同比增长45.29%;扣除本金兑付后,净融资48 586.18亿元。其中,发行公司债券包括:公司债1 713只,融资21 003.34亿元,净融资12 801.91亿元;可转债67只,融资787.49亿元,净融资787.09亿元;可交换债19只,融资409.70亿元,净融资320.01亿元。发行资产支持证券624只,融资8 869.19亿元。

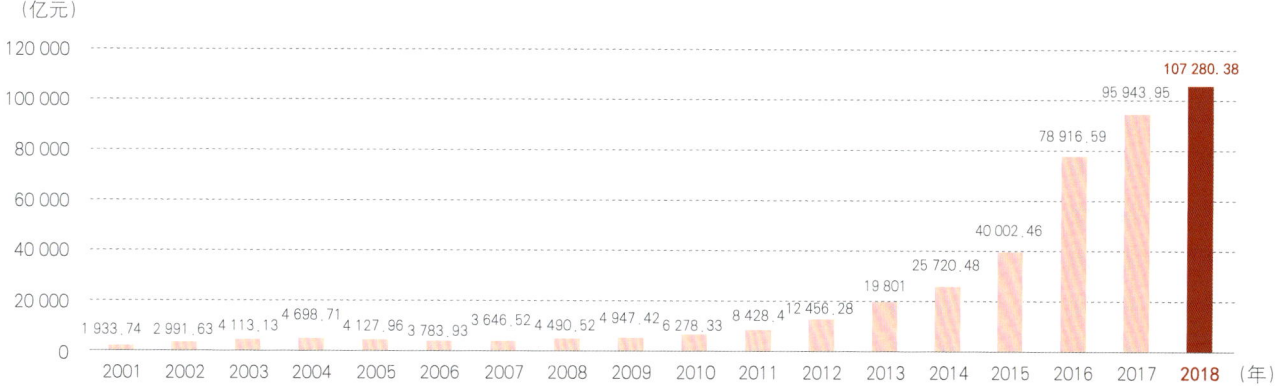

图3-6 交易所债券市场历年托管面值

资料来源:中证资本市场运行统计监测中心。

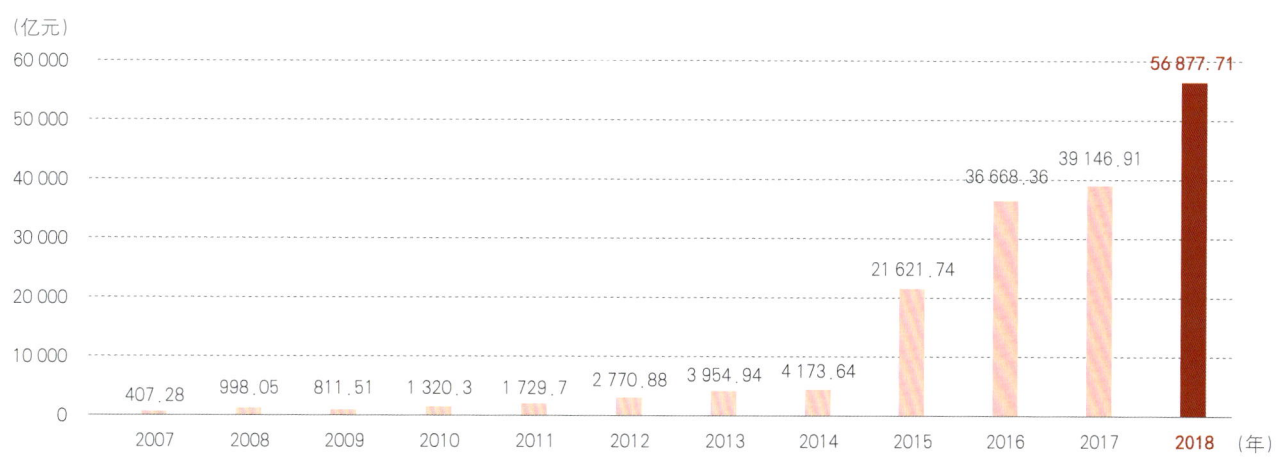

图3-7 交易所债券市场历年融资金额

资料来源:中证资本市场运行统计监测中心。

交易情况。 2018年，交易所债券市场现券成交金额为5.93万亿元，同比增长6.60%；回购成交金额为231.05万亿元，同比下降11.20%。

稳步推进债券品种创新

扩大创新创业公司债券试点，2018年发行创新创业公司债22只，融资金额37.35亿元。深化绿色公司债券试点，2018年发行绿色债券（含ABS）43只，融资金额455.25亿元。推进可续期债试点，2018年共发行可续期债券152只，融资金额2 206.60亿元。助力脱贫攻坚，全年支持贫困地区发行公司债券26.10亿元，发行资产支持证券17.73亿元。支持符合条件的机构发行专项公司债券，募集资金专门用于纾解民营企业融资困境及化解上市公司股票质押风险。截至2018年底，"纾困"专项债已发行7单、融资金额103亿元。2018年6月11日，首期铁道债成功跨市场上市交易。截至2018年底，铁道债已跨市场上市交易800亿元。推出知名成熟发行人制度，持续优化公司债券发行结构，便利高等级债券发行。截至2018年底，AAA级高信用等级主体发债占比已达68%。推进股债混合型品种发展，研究开展私募双创可转债试点。2018年交易所债券市场分别发行可交换债、可转债410亿元和787亿元。

稳妥发展资产证券化

2018年，企业资产支持证券（以下简称ABS）发行8 869.19亿元，同比下降6.25%。中国证监会与住房和城乡建设部联合发文，推出了一批住房租赁等领域的典型项目。发展供应链ABS，有效支持中小微企业发展。扩大中介机构范围，试点引进两家信托公司担任ABS管理人。完善准入监管标准，与住房和城乡建设部联合印发《关于推进住房租赁资产证券化相关工作的通知》。指导交易所制定并发布融资租赁、基础设施等大类资产支持证券挂牌条件和信息披露指南，完善准入监管标准及业务规则体系。规范"通道"类业务，制定并发布资产证券化监管问答。

持续完善债券市场制度

2018年，中国证监会配合《证券法》修订，推动将ABS纳入《证券法》，完善私募债券的监管制度安排；以司法推动立法方式，夯实ABS破产隔离基本制度；推动畅通债券违约司法救济机制；指导证券业协会修订完善《非公开发行公司债券项目承接负面清单指引》；研究将私募可转债发行主体扩大至所有非上市公司；进一步完善"申报即纳入监管"制度。

推动落实交易所债券回购风险防范和交易制度改革工作。指导沪深交易所分别与中国结算联合发布《公司债券质押式三方回购交易及结算暂行办法》，推出债券质押式三方回购业务。积极推动商业银行及政策性银行参与交易所债券市场。协调延长债券质押式回购业务交易时间，便利市场参与者。

期货与衍生品市场

基本情况

市场情况。截至2018年底，期货与衍生品市场品种（见表3-4）总数达到61个，包括51个商品期货，3个商品期权，6个金融期货和1个金融期权。

表3-4　　　　　　　　各交易所交易品种

交易所	交易品种
上海期货交易所	铜、铝、锌、铅、锡、镍、黄金、白银、螺纹钢、线材、热轧卷板、燃料油、石油沥青、天然橡胶、原油、纸浆、铜期权
郑州商品交易所	强麦、普麦、棉花、白糖、早籼稻、粳稻、晚籼稻、菜籽油、油菜籽、菜籽粕、鲜苹果、精对苯二甲酸（PTA）、甲醇、玻璃、动力煤、硅铁、锰硅、棉纱、白糖期权

续表

交易所	交易品种
大连商品交易所	玉米、玉米淀粉、黄大豆1号、黄大豆2号、豆粕、豆油、棕榈油、鸡蛋、胶合板、纤维板、线性低密度聚乙烯（LLDPE）、聚氯乙烯（PVC）、聚丙烯（PP）、焦炭、焦煤、铁矿石、乙二醇、豆粕期权
中国金融期货交易所	沪深300股指期货、上证50股指期货、中证500股指期货、5年期国债期货、10年期国债期货、2年期国债期货
上海证券交易所	上证50ETF 期权

资料来源：中国期货市场监控中心。

交易情况。2018年，以单边计，期货市场合计成交30.11亿手，同比下降1.97%，成交金额210.81万亿元（见图3-8），同比增加12.19%。其中，商品期货成交29.83亿手，同比下降2.07%，成交金额184.68万亿元，同比增加13.09%；金融期货成交0.27亿手，同比增加10.63%，成交金额26.12万亿元，同比增加6.22%。金融期货成交量和成交额分别占全市场的0.90% 和12.39%。

图3-8 期货市场成交量及成交金额走势（1993-2018年）

资料来源：中国期货市场监控中心。

2018年，以单边计，期权市场合计成交3.34亿手（张），同比增加76.72%，成交金额2 007.82亿元，同比增加93.03%（见表3-5）。其中，商品期权（包含豆粕、白糖、铜期权）市场成交0.18亿手，同比增加257.56%，成交金额210.16亿元，同比增加449.73%；金融期权（即上证50ETF 期权）市场成交3.16亿张，同比增加71.88%，成交金额1 797.66亿元，同比增加101.28%。

表3-5　　　　　　　　　　　期货和期权的成交量、成交额及其同比变化

类型	期货				期权			
	成交量（亿手）	成交量同比	成交额（万亿元）	成交额同比	成交量（亿手）	成交量同比	成交额（亿元）	成交额同比
商品类	29.83	-2.07%	184.68	13.09%	0.18	257.56%	210.16	449.73%
金融类	0.27	10.63%	26.12	6.22%	3.16	71.88%	1 797.66	101.28%
合计	30.11	-1.97%	210.81	12.19%	3.34	76.72%	2 007.82	93.03%

资料来源：中国期货市场监控中心。

投资者情况。期货市场方面，2018年，以双边计，法人客户与个人客户成交量分别为8.04亿手和52.17亿手，同比分别减少34.54%与增加6.15%。法人客户和个人客户成交金额分别为101.94万亿元和319.68万亿元，同比分别增加20.80%和9.67%。法人客户成交金额占比24.18%，较2017年上升1.73个百分点。期权市场方面，2018年，以双边计，法人客户与个人客户成交量分别为4.10亿手（张）和2.59亿手（张），同比分别增加72.78%和84.87%。法人客户和个人客户成交金额分别为2 741.47亿元和1 285.62亿元，同比分别增加129.73%和96.47%。法人客户成交金额占比68.08%，较2017年上升3.49个百分点。

加快推进期货期权品种创新

2018年上市原油期货、纸浆期货、乙二醇期货、2年期国债期货、铜期权5个期货期权品种，为相关产业企业提供更多风险管理工具。积极推进棉花、玉米、天然橡胶等期权品种的上市工作。继续深入论证红枣期货、20号胶期货、生猪期货、30年期国债期货等品种上市，统筹推进商品指数编制及后续产品开发。积极开展ETF期权品种论证研究。

不断健全期货期权市场规则体系

制定并发布《外商投资期货公司管理办法》，加强境外股东管理。修订完善《期货公司分类监管规定》，引导期货公司合规经营，稳健发展。制定并发布《证券期货经营机构私募资产管理业务管理办法》及配套细则，规范期货经营机构私募资产管理业务。持续加强对已上市品种的跟踪评估，共指导各交易所修改期货合约及业务规则96项。在原油、黄金、镍、动力煤、PTA、豆粕、玉米、铁矿石期货，白糖、豆粕、铜期权共11个品种上推出做市商机制，带动镍、豆粕、玉米等主力合约连续活跃，持续改善市场流动性。进一步调整股指期货运行参数，促进股指期货市场功能发挥。

专栏　我国原油期货正式上线运行

2018年3月26日，中国原油期货在上海期货交易所全资子公司上海国际能源交易中心（以下称能源中心）正式挂牌交易。作为我国首个对外开放的期货品种，原油期货从酝酿到正式上线历经17年不懈努力，其成功上市是我国期货市场国际化的积极探索，更是深入贯彻落实习近平新时代中国特色社会主义思想和党的十九大精神的具体举措，对于形成反映中国和亚太地区石油市场供需关系的价格体系、有效服务国家"一带一路"倡议、助力我国金融市场对外开放而言，意义重大、影响深远。

原油期货总体方案为"国际平台、人民币计价、净价交易、保税交割"，在平台建设、交易和交割方式、市场参与主体等制度安排上均有重大突破。为强化风险管理，原油期货沿用我国期货市场现行有效的监管体系，对境外交易者实行与境内交易者相同的"一户一码"、账户穿透等制度。上市以来，市场运行稳健，参与者稳步增加，各业务环节运作衔接顺畅，功能发挥效应逐步显现。

基金市场

公募基金

截至2018年底，全国基金管理公司管理公募基金规模13.03万亿元，存续产品5 792只（见表3-6）；基金公司专户规模4.37万亿元；受托管理社保基金规模（含基本养老金）11 560.89亿元；受托管理企业年金规模5 167.11亿元。全年完成1 103只产品注册；批复40只养老目标基金，其中12只已募集成立，累计募集金额39.36亿元，持有人户数67.38万户。

私募基金

截至2018年底，基金业协会备案私募基金74 642只，管理基金规模12.78万亿元，同比分别增长12.38%和15.14%。其中，私募证券基金管理人管理正在运作的基金34 440只，管理基金规模2.14万亿元；私募股权、创业投资基金管理人管理正在运作的基金34 993只，管理基金规模8.90万亿元；其他私募投资基金管理人管理正在运作的基金5 209只，管理基金规模1.74万亿元（见表3-7）。

表3-6　　2018年底证券投资基金数　　（单位：只）

封闭式	开放式					合计
	股票型基金	混合型基金	货币市场基金	债券型基金	QDII	
695	939	2 455	348	1 203	152	5 792

资料来源：中国证券投资基金业协会。

表3-7　　2018年底不同主要业务类型私募基金管理人情况

类型	私募基金管理人（家）	管理基金（只）	管理规模（万亿元）
私募证券基金	8 989	34 440	2.14
私募股权、创投基金	14 683	34 993	8.90
其他类型私募基金	776	5 209	1.74

资料来源：中国证券投资基金业协会。

资本市场经营机构

证券经营机构

截至2018年底，全国共有证券公司131家，境内外上市的证券公司37家。证券公司总资产6.26万亿元（未经审计，下同），净资产1.89万亿元，注册资本5 137.65亿元，全年累计净利润666.22亿元。

期货经营机构

截至2018年底，全国共有期货公司149家，注册资本704.32亿元（未经审计，下同），总资产（含客户资产）5 140.62亿元，净资产1 100.49亿元，客户保证金3 879.79亿元，净利润63.07亿元（未扣除某期货公司计提资产减值损失）。

公募基金

截至2018年底，全国共有120家基金管理公司，其中已有79家设立专户子公司。基金管理公司总资产1 820.44亿元（未经审计，下同），净资产1 406.66亿元，管理资产合计19.08万亿元。

私募基金

截至2018年底，在基金业协会已登记私募基金管理人24 448家，同比增长8.91%，私募基金管理人员工总人数达24.57万人。

已登记私募基金管理人数量从注册地分布来看，集中在上海、深圳、北京、浙江和广东，总计占比达71.68%；从办公地分布来看，集中在北京、上海、深圳、广东和浙江，总计占比达73.10%。

已登记私募基金管理人管理基金规模在100亿元及以上的有234家，50亿—100亿元的274家，20亿—50亿元的671家，10亿—20亿元的801家，5亿—10亿元的1 155家，1亿—5亿元的4 308家，0.5亿—1亿元的2 332家。已登记的私募基金管理人有管理规模的共21 381家，平均管理基金规模5.98亿元。

中介服务机构

截至2018年底，全国共有84家证券投资咨询机构，总资产117.57亿元，注册资本41.23亿元，实现营业收入94.21亿元，净利润0.58亿元。截至2018年底，我国证券资格会计师事务所40家，分布在北京、上海等11个省（直辖市、自治区）；分所657家，分布在除西藏外的各省（直辖市、自治区）；注册会计师人数为2.92万人，占比超过全国注册会计师人数的27.55%。

截至2018年底，全国共有69家证券资格资产评估机构，分布在北京、上海等15个省（直辖市、自治区）；分支机构292家，分布在除西藏外的各省（直辖市、自治区）；注册资产评估师人数为5 062人，占全国注册资产评估师人数的14.06%。

截至2018年底，全国共有11家证券评级机构，分布在北京、天津、上海、四川、深圳5个省（直辖市、自治区）；员工总数为2 025人，其中评级分析师人数为1 008人，占49.78%。

服务实体经济发展

支持民营经济发展

助推"一带一路"建设

支持"双创"

服务脱贫攻坚

服务"三农"

支持绿色发展

服务国企改革

2018年，中国证监会认真学习贯彻习近平新时代中国特色社会主义思想和党的十九大精神，牢牢把握服务实体经济的根本宗旨，切实贯彻创新、协调、绿色、开放、共享的发展理念，加快推进多层次资本市场建设，有效发挥资本市场各项功能，着力扩大直接融资，全年实现融资约7.1万亿元，为促进创新发展和全面建设小康社会提供了有力支持。

支持民营经济发展

认真学习贯彻习近平总书记在民营企业座谈会上的重要讲话精神，将服务民营企业贯穿资本市场各项工作。2018年，核准73家民营企业IPO，约占全部核准上市企业的72%；全国股转系统民营挂牌公司共实施定向发行1 332次，约占全国股转系统定向发行总数的95.01%，融资额达490.63亿元，约占全国股转系统融资总额的81.17%；民营上市公司实施并购重组3 105单，约占全市场并购重组数量的75%，交易金额达到15 643.85亿元，约占全市场并购重组交易金额的61%，较2017年提升近10个百分点。2018年，民营企业在交易所市场发行公司债券2 933.12亿元，同比增长14.77%。利用供应链金融应收账款资产证券化等方式，探索小微企业融资服务新模式，2017年和2018年已发行1 281.31亿元。

支持民营上市公司通过引进私募股权投资基金、发行专项公司债等方式化解股票质押风险。对于严重资不抵债的民营上市公司，通过推动破产重整、依法强制退市等法治化方式出清。推出"纾困专项债"、信用保护工具试点，2018年"纾困专项债"发行7单，融资金额103亿元；推出8单民营企业信用保护合约，名义本金共计3.90亿元，支持民营企业发行债券18.20亿元。支持证券公司充分发挥专业优势，通过设立资产管理计划、参与民营企业债券融资支持工具创新、运用金融衍生品、信用增进工具等方式，帮助上市公司纾解流动性压力，支持民营企业发展。截至2018年底，已有48家证券公司签署协议，共同出资设立"证券行业支持民营企业发展资产管理计划"，承诺出资规模累计达545亿元。

案例 纾困专项债券切实解决民企融资困境

为落实党中央、国务院关于打好防范化解风险攻坚战的决策部署，解决民营企业融资困境，中国证监会支持各类符合条件的机构发行专项公司债，募集资金专门用于纾解民营融资困境和股权质押风险。该类专项公司债券审核建立"绿色通道"，实行专人对接、专项审核，适用即报即审政策，提高发行效率。

2018年10月，深圳市投资控股有限公司（以下简称深投控）成功发行首单"纾困专项债"，发行金额10亿元，期限"3+2年"，票面利率3.97%。债券发行人深投控作为深圳市属国有资产经营公司，是此次深圳市参与纾解民营上市公司股票质押风险的主要实施主体之一。募集资金用于出资设立"深圳投控共赢股权投资基金"，并最终用于支持深圳地区有发展前景的民营上市公司的实际控制人化解股票质押风险。

助推"一带一路"建设

引导交易所债券市场进一步服务"一带一路"建设,促进沿线国家(地区)资金融通,指导沪深交易所发布《关于开展"一带一路"债券试点的通知》。截至2018年底,累计发行"一带一路"债券18单,发行金额总计269.50亿元。支持国内交易所加强与境外交易所在股权、技术、业务等多方面的战略合作。支持沪深交易所成功竞标孟加拉国达卡交易所25%股权。上交所参股的阿斯塔纳国际交易所于2018年7月正式开业,实现稳步开局。近年来,私募股权投资基金逐步开始在全球范围内协助我国实体企业进行资源配置和产业升级整合,并积极推动我国与其他国家战略伙伴关系的发展。截至2018年底,投向"一带一路"沿线国家且正在运作的私募基金产品数量共20只,相关基金规模324.95亿元,私募股权投资基金投向"一带一路"相关国家项目在投本金共计28.99亿元。

案例 招商资本助力国有企业践行"一带一路"倡议

招商局资本投资有限责任公司(以下简称招商资本)是招商局集团直投和基金业务的管理平台。截至2018年底,招商资本管理总资产规模约2 700亿元。中白产业投资基金(以下简称中白基金)是招商资本旗下为积极推动"丝绸之路经济带"重要节点中白工业园的建设,于2017年4月成立的基金,总规模5.85亿美元。中白基金是招商资本主动融入国家战略、响应"一带一路"倡议的重要措施,是践行中国与白俄罗斯全面战略伙伴关系的重要举措,是整合中白工业园产学研资源、推动中白工业园建设的重要力量。截至2018年底,中白基金已投资项目3个,累计投资金额约7 000万美元。投资项目均已入驻中白工业园,并计划与白俄罗斯在产业、科研方面进行进一步合作,为"丝绸之路经济带"提供产业、技术与人才方面的支持。

支持"双创"

落实党中央国务院重大改革举措,全力做好设立科创板并试点注册制相关工作。大力支持符合条件的创新企业通过资本市场融资,2018年共核准73家高新技术企业IPO,约占全部核准上市企业的72%。对"四新"企业及创新公司实行"分道制"审核,支持关键领域自主创新。扩大创新创业公司债券试点,2018年发行创新创业公司债22只,融资金额37.35亿元。

指导沪深交易所制定创新企业持续监管规则,发布实施《创新企业境内发行股票或存托凭证上市后持续监管实施办法(试行)》。牵头商业银行担任存托凭证试点存托人有关工作。会同中国银保监会联合发布《关于商业银行担任存托凭证试点存托人有关事项规定》《存托凭证存托协议内容与格式指引(试行)》;发布《存托凭证登记结算业务规则(试行)》;完成部分商业银行存托业务资格行政许可审批工作。修改完善《上市公司股权激励管理办法》,将境外工作的外籍员工纳入股权激励范围,以更好吸引和留住各类创新人才。

明确创业投资基金作为上市公司股东的差异化监管安排,推动将创业投资企业和天使投资人税收优惠政策试点范围扩大到全国,完善合伙型创业投资基金税收政策。截至2018年底,私募股权投资基金投资于未上市未挂牌企业股权项目数量达到9.5万个,为实体经济形成股权资本金5.2万亿元。

案例 毅达资本"中小企业发展基金"助推创新创业中小企业发展

江苏毅达股权投资基金管理有限公司（以下简称毅达资本）由江苏高科技投资集团内部混合所有制改革组建。中小企业发展基金（江苏有限合伙）（以下简称国家中小基金江苏子基金）是毅达资本旗下募集规模最大的创业投资基金。该基金于2016年11月4日在江苏南京成立，基金总规模为45亿元，基金由国家财政部、国家工信部作为基金发起人主导设立，还吸引了江苏省财政、保险资金、上市公司等多种类型的投资者共同参与，构建了国家中小基金江苏子基金多元化的股权结构。

国家中小基金江苏子基金重点关注TMT、消费升级、"互联网＋"、节能环保、文化创意、新材料和新能源、生物医药及大健康、信息技术等新兴行业，以支持产业创新为重点，特别注重扶持培育国家需要支持的重点产业和实体经济。截至2018年底，国家中小基金江苏子基金已完成投资48个项目，累计投资总金额17.73亿元，带动社会其他资本投资超过40亿元。

服务脱贫攻坚

印发《关于证监会定点扶贫工作牵头分工的通知》，保证每个定点县的帮扶工作至少有一名副部级领导干部负责，不脱贫不脱钩。印发《关于调整证监会扶贫工作领导小组组成人员的通知》，明确证监会扶贫工作领导小组各成员单位主要负责人对脱贫攻坚工作负总责，进一步压实领导责任，确保扶贫工作有人抓、有人管。继续对贫困地区和新疆、西藏自治区企业在首次公开发行、新三板挂牌、发行公司债券等方面实行"绿色通道"政策，提高贫困和民族地区企业上市融资效率。截至2018年底，共有12家企业发行上市，募集资金69亿元，63家拟上市企业正在筹备上市工作，105家公司在新三板挂牌；已累计发行扶贫公司债和资产支持证券66只，金额341.16亿元。

专栏 中国证监会脱贫攻坚工作取得显著进展

扶贫工作是党中央、国务院交给中国证监会的光荣政治任务。2018年，中国证监会继续坚决贯彻落实党中央、国务院关于打好脱贫攻坚战的决策部署，坚持以习近平总书记关于扶贫工作的重要论述为根本遵循，谋划、部署、推动扶贫工作，脱贫攻坚工作取得显著进展。

行业扶贫工作成绩明显。截至2018年底，已有100家证券公司结对帮扶278个国家级贫困县，宁夏、江西还实现"一司一县"结对帮扶全覆盖，派驻挂职干部68人，开展教育培训365场，培训7万余人，累计采购农产品超过7 325万元。此外，70多家证券公司还主动增加了帮扶对象，从"一司一县"增至"一司多县"。87家期货公司与贫困地区签订了140份结对帮扶协议，帮助3 676户、8 092人实现了脱贫，累计举办了295场培训，受益群众达13 000余人次。基金业协会积极鼓励基金管理机构广泛开展公益扶贫，12家公募基金设立专门的公益基金会，14家设立了专项扶贫基金，累计捐赠2.76亿元。854家上市公司披露扶贫工作情况，开展农林产业扶贫、资产收益扶贫、旅游扶贫、电商扶贫和消费扶贫等项目超过4 300个，投入208亿元，直接帮助超54万建档立卡贫困人口脱贫。

定点帮扶进展顺利。党的十八大以来，中国证监会帮扶点增加到6个省区的9个县，定点县数量在中央国家机关中最多。中国证监会积极发挥党建对脱贫攻坚的引领推动作用，将留存的党费4 400余万元用于定点帮扶县的"党建促扶贫"项目，支持贫困县基层党组织建设。2018年，中国证监会超额完成中央单位定点扶贫责任书上的各项任务，通过加大直接资金投入、协助引进帮扶项目、选派优秀挂职干部、支持贫困县发展特色产业、开展公益扶贫、培训基层干部等方式，全力推动贫困县脱贫奔小康。2018年9月，延长县通过验收成功摘帽脱贫。经全国脱贫攻坚奖评选委员会初次评审和复评，会扶贫办入围组织创新奖，联系点兰考县同时当选。在中央单位2017年定点扶贫试考核结果中，中国证监会考核等次为"好"。

服务"三农"

支持现代农业企业利用资本市场融资。从事农药生产的丰山集团和以核桃为原料生产植物饮料的养元饮品实现IPO。从事水产品业务的东方海洋、从事橡胶种植及加工的海南橡胶完成非公开发行股票，合计融资23.72亿元。加快推进棉花、玉米、天然橡胶等涉农期权品种及红枣等涉农期货品种的上市，丰富期货市场服务农户、涉农企业发展的手段。指导3家商品交易所稳步扩大"保险＋期货"试点规模和覆盖范围，重点推进"保险＋期货"县域全覆盖试点扩面工作。2018年"保险＋期货"试点品种包括棉花、白糖、苹果、玉米、大豆、鸡蛋和天然橡胶，项目数量、资金支持金额均较2017年明显增加。截至2018年底，3家交易所共支持"保险＋期货"试点项目（含县域全覆盖试点扩面项目）156个。其中，黑龙江省桦川县、辽宁省盘山县、内蒙古自治区莫力达瓦达斡尔族自治旗、广西壮族自治区罗城县、海南省白沙县和云南省永德县6个试点地区开展"保险＋期货"试点县域全覆盖，品种涉及玉米、大豆、白糖和天然橡胶，这6个试点地区中，有5个是国家级贫困县。

案例 "保险＋期货"助力海南白沙县脱贫攻坚

2018年是海南白沙县试点天然橡胶"保险＋期货"的第二年。2017年，在上海期货交易所支持下，新湖期货有限公司携手中国人民财产保险股份有限公司海南省分公司在白沙县南开乡开展了国内首单天然橡胶"保险＋期货＋精准扶贫"试点项目，使该乡978户胶农户均增收500元，惠及贫困户352人。2018年，白沙县"保险＋期货"试点呈现三大积极变化：一是全面铺开，实现对当地民营胶全覆盖，最终产生赔付1 292万余元，有力支持了白沙县扶贫工作；二是有效带动了政府扶贫资金的参与投入，全年白沙县项目支持总额1 500余万元，实际投入1 300余万元，其中白沙县政府投入460余万元，占比三分之一；三是带动有关方面进一步探索金融扶贫模式，2018年白沙县政府牵头探索实施了橡胶增极收入保险，签订了国内首单天然橡胶产业精准扶贫收入型保险，积极开发更科学有效、更可持续的扶贫机制，助推橡胶产业振兴和胶农持续增收，确保全面完成脱贫攻坚目标任务。

白沙县2018年创新出台了橡胶振兴产业十条措施，力争到2020年实现橡胶年产量达3万吨、户均较2017年增收3 000—5 000元的发展目标。2018年，该县民营干胶年产量为2万多吨。金融扶贫模式的引入让这个海南第一、全国第二的橡胶大县更具发展的信心和底气。

支持绿色发展

支持打好污染防治攻坚战，从严把握环保问题审核标准，积极支持"绿色企业"发行上市。2018年，绿色动力、鹏鹞环保两家生态环境行业企业首发上市；盈峰环境、富春环保等7家绿色能源及环保产业上市公司实施再融资，融资213.22亿元。深化绿色公司债券试点，2018年发行绿色债券（含ABS）43只，融资金额455.25亿元。严格环境信息披露监督，对山西三维等4家上市公司的环保信息披露违法行为立案调查和公开谴责。积极借鉴国际经验，推动机构投资者参与公司治理，确立环境、社会责任和公司治理（ESG）信息披露的基本框架。

专栏 绿色债券助力经济可持续发展

在环境资源越来越成为限制我国社会经济可持续发展瓶颈的背景下，企业发行绿色债券既可以加大绿色产品和服务供给，也可为项目所在地带来经济效益和社会效益。

2018年中金公司承销的华能天成融资租赁有限公司私募绿色公司债券，发行规模为10亿元，募集资金拟全部用于与公司绿色项目相关的借款归还、票据兑付、信用证兑付、支付购买设备的款项及补充流动资金等。根据该项目第一期募集说明书，4个拟投向项目均为风电项目，与同等发电量的火电相比，每年可为我国节约标准煤24.68万吨，减排二氧化碳60.17万吨、二氧化硫308.51吨、氮氧化物284.78吨、烟尘63.28吨。

银河证券承销的新天绿色可持续公募公司债项目，首期发行规模6亿元，利率为5.96%，创当期地方国企可持续债券发行利率的最低点，且该项目募集资金全部用于风电等清洁能源项目资本金支出，是河北省节能减排、环境保护、生态建设、应对气候变化等领域项目投融资方面的一大创新。

中信建投证券承销的北京市基础设施投资有限公司绿色可持续公募公司债，首期和第二期合计发行规模60亿元，募集资金将全部用于北京地铁17号线、北京轨道交通19号线（一期工程）、北京轨道交通新机场一期、北京市轨道交通7号线二期（东延）、北京市轨道交通12号线等清洁交通类绿色项目的建设和运营，项目建设运营后将缓解北京地面交通压力，减少机动车尾气排放，改善区域空气环境质量。

服务国企改革

与国资委、财政部正式联合发布《上市公司国有股权监督管理办法》，规范上市公司股权变动行为，推动国有资源优化配置。支持国有控股上市公司利用并购重组做大做强，2018年国有控股上市公司共发生并购重组交易1 048单，交易金额9 925.40亿元，支持中国外运股份有限公司（以下简称中国外运）换股吸收合并中外运空运发展股份有限公司（以下简称外运发展），支持国家能源投资集团开展整合、实现煤电一体化发展。依法依规支持债转股重点项目，推动中国中铁股份有限公司、中国黄金集团有限公司等将债转股与改善公司治理、优质资产注入等结合；支持华菱钢铁股份有限公司等地方国企探索开展债转股；中国铝业股份有限公司（127.13亿元）债转股项目已于年内获得中国证监会核准。中国铁塔股份有限公司经中国证监会核准境外上市，首发融资约580亿港元。

案例 中国外运吸收合并外运发展，整合物流资源

2018年11月3日，中国外运换股吸收合并外运发展申请获得中国证监会核准。中国外运是香港联交所上市公司，外运发展是国内航空货运代理行业第一股。该次交易，中国外运向外运发展除中国外运以外的所有股东发行中国外运A股股票，交换其所持有的外运发展股票，交易完成后，中国外运作为存续公司将实现"A+H"资本运作平台的搭建，有利于公司进一步拓宽融资渠道，扩大品牌影响力及提升竞争力，为公司未来全球业务扩张和兼并收购提供有力的资本支持。从业务角度，该次交易解决了中国外运与外运发展的同业竞争问题，实现了中国外运及外运发展旗下海运、陆运、空运等物流资源的全面整合，降低财务风险并充分释放业务协同效应，提升公司综合物流服务能力。

依法全面从严监管

强化日常监管

稽查执法和打非清整

防范化解金融风险

资本市场法治建设

强化日常监管

深化行政审批制度改革

制定《中国证监会在线政务服务平台建设工作实施方案》《中国证监会政务服务平台与国家政务服务平台对接实施方案》，开通行政许可网上受理门户，实现行政许可事项网上申报功能。进一步精简审批材料，取消上市公司独立董事意见、证监局出具的现场检查报告等29项申报材料，涉及"上市公司发行股份购买资产核准""公募基金管理人资格审批"等12项行政许可事项。压缩"上市公司发行股份购买资产核准""外国证券类机构设立驻华代表机构核准及驻华代表机构名称变更核准"等4项行政许可事项承诺办理时限，确保所有许可事项在法定时限内办结。

强化交易所股票市场一线监管

组织沪深交易所研究制定异常交易标准，针对典型异常交易行为制定监控要点，提高交易所自律管理的透明度，为证券公司强化客户交易管理提供明确指引。组织开展证券公司客户管理专题系列培训近20场，覆盖4 000名营业部负责人，深入宣传一线监管理念。支持深交所成功举办证券交易所一线监管国际研讨会，提高国内证券交易所国际影响力和竞争力。加大期货交易所各类异常交易行为排查力度，2018年共查处涉嫌自成交、频繁报撤单等2 141次，相关的监管问询及谈话1 338次，限制开仓445人次，移送涉嫌幌骗、内幕交易、编造传播虚假信息等违法违规行为案件线索7起，其中立案1起。

加强上市公司规范运作监管

加大上市公司监管力度。 修订《上市公司治理准则》，增加上市公司党建要求，进一步加强对控股股东、实际控制人及其关联方的约束，强化董事会审计委员会作用，推动机构投资者参与公司治理，更加注重中小投资者保护。针对重组上市、重组标的公司"业绩变脸"、2017年年报披露情况等3类问题，组织开展3批次共13家重组上市、6家标的公司业绩变脸及6家年报专项检查。首次对申请恢复上市的3家公司和申请重新上市的长航油运开展现场检查。对37家公司立案；稳妥处置长生生物、中弘股份等公司退市风险。2018年，各派出机构共对上市公司开展全面现场检查219家次，专项检查950家次，采取行政监管措施414家次，移送稽查立案49家次。沪深交易所共发出监管问询函1 882件，采取纪律处分92家次。

强化上市公司信息披露监管。 强化上市公司在环境保护、社会责任方面的引领作用和信息披露要求，对重点排污上市公司环境信息披露严格监督，对辉丰股份、上峰水泥、罗平锌电等4家上市公司环保信息披露涉嫌违法违规问题进行立案调查和公开谴责。加强上市公司财务信息披露监管，修订发布《公开发行证券的公司信息披露编报规则第14号——非标准审计意见及其涉及事项的处理》等两项信息披露编报规则；研究红筹企业境内上市财务报告信息编制方案；进一步明确收入、金融工具、财务报表格式等新会计准则提前适用原则以及相关财务信息披露要求；分层抽样审阅798家上市公司年报，关注重要和疑难企业会计准则的执行、重要会计政策和关键会计判断披露等问题；发布《2017年度会计监管报告》，引导上市公司切实提高财务信息披露质量；组织召开会计监管协调会，统一监管口径。对上市公司内部控制评价和审计报告进行专项分析，促进上市公司持续改进内部控制信息披露质量。

加强非上市公众公司监管

开展全国股转系统挂牌公司年报审查，对风险外溢性较强的挂牌公司实施现场检查。平稳推进逾期未披露年报的挂牌公司强制摘牌工作。探索实施分类监管，建设差异化信息披露体系，制定发布7个行业的专门信息披露指引。开展"了解公司·规范公司·服务公司"专项活动，加大监管规则与政策的培训教育力度，采取多种方式帮助挂牌公司提升规范水平和融资能力。

加强交易所债券市场监管

指导交易所修订发布《公司债券上市规则》和《非公开发行公司债券挂牌转让规则》，强化交易所预审核及一线监管职能，夯实信息披露和投资者保护机制，完善停复牌等交易制度。指导各交易场所起草、发布《资产支持证券存续期信用风险管理指引》《资产支持证券定期报告内容与格式指引》，加强资产支持证券存续期管理。开展公司债券和资产证券化业务现场检查，全年共对公司债券受托管理人、承销机构及个人采取行政监管措施20项，对发行人采取行政监管措施38家次，对资产支持专项计划原始权益人、管理人等机构和个人采取行政监管措施19项，向公安机关移送违法违规线索4次。组织开展公司债券发行人年报审核，对发行人采取自律监管措施20家次。联合人民银行发布2018年第14号公告，实现交易所市场与银行间市场评级互认。联合交易商协会开展证券评级机构联合现场检查、联合惩戒，推动联合市场化评价。

加强资本市场经营机构和中介机构监管

资本市场经营机构监管方面：发布实施《证券公司投行类业务内控指引》，加强投行类业务日常监管，对18家机构、25名个人采取45次行政监管措施。发布《证券基金经营机构使用香港机构证券投资咨询服务暂行规定》，规范港股通下内地证券基金经营机构使用香港机构证券投资咨询服务行为。制定发布《发行监管问答——关于规范中介机构及签字人员变更时涉及专项说明及承诺函的监管要求》，强化中介机构和签字人员责任。与中国人民银行等单位联合发布《关于规范金融机构资产管理业务的指导意见》《关于进一步规范货币市场基金互联网销售、赎回相关服务的指导意见》，发布《证券期货经营机构私募资产管理业务管理办法》《证券公司大集合资产管理业务适用〈关于规范金融机构资产管理业务的指导意见〉操作指引》及其配套规则，规范机构开展资产管理业务。

加强期货公司风险监管指标日常监测和现场检查工作，2018年累计开展全面检查265家次，专项检查565家次，采取行政监管措施143家次。督促期货市场监控中心做好保证金安全监测监控工作。组织开展私募基金专项检查，全年检查453家私募机构，对5家机构立案稽查，对133家机构采取行政监管措施，将6家机构涉嫌违法犯罪线索通报地方政府或移送公安机关。首次探索跨部委联合检查执法机制，会同国家市场监督管理总局对260家私募机构开展"双随机、一公开"抽查。加强证券投资咨询机构监管，全年对58家咨询机构或其分支机构采取了行政监管措施。

证券登记结算机构监管方面：制定并实施证券交易资金前端控制制度；制定证券登记结算机构监管指引，开展证券登记结算机构结算风险防控现场检查；推动中国结算建立资管产品看穿式监管信息采集制度；加强账户实名制与稽查执法的衔接，明确投资者开立和使用账户的自律管理要求。

中介机构监管方面：加大对律师事务所及律师从事证券法律业务监管力度，2018年对30余家次律师事务所开展现场检查，对7家次律师事务所、5人次律师采取行政监管措施。组织开展对会计师事务所与资产评估机构的日常监管，发布《2017年度证券审计市场分析报告》《2017年度证券资产评估市场分析报告》，引导会计师事务所规范执业。持续加强对审计、评估证券服务机构的监督检查工作，2018年对4家审计机构和3家资产评估机构进行了全面检查，对部分审计和资产评估项目进行了专项检查，对10家审计机构、9家资产评估机构及53人次注册会计师、20人次资产评估师采取了行政监管措施。

提升科技监管能力

制定科技监管战略规划，积极利用云计算、大数据、人工智能等现代信息技术，创新监管方式，促进监管转型，全面部署开展科技监管工作。印发《中国证监会监管科技总体建设方案》《中国证监会监管科技3.0工作制度》《资本市场监管大数据平台建设技术指引》等制度规范，完成了监管科技3.0的顶层设计。发布实施《证券基金经营机构信息技术管理办法》，引导证券基金经营机构在依法合规、有效防范风险的前提下，加强现代信息技术对证券基金业务活动的支撑作用。充分借助"外脑",组建包含两院院士、高校学者、企业界专家在内的科技监管专家咨询委员会。推进大数据工程实战性试运行工作,完成关联账户分析、财务报表分析、实体画像、交易异常检测、舆情分析、金融文档6个工程方法的研制。初步完成私募基金监管信息系统升级建设。完成银行账户电子化查询平台建设并全面试用。建成证券期货监管系统数据资源目录服务平台。基本建成中央监管信息平台并正式进入运维阶段。建设智能听证室,实现语音实时识别转换记录等智能辅助服务。持续推进中央监管信息平台建设。

稽查执法和打非清整

加大稽查执法力度,从严打击各类违法违规行为

坚决整治违法乱象。 聚焦重点领域和市场关切的大案要案,严厉打击侵蚀市场运行基础、积聚市场风险、严重扰乱市场秩序的证券期货违法违规行为,全年共受理违法违规有效线索678件(见图5-1),启动调查536件,新增立案案件268件,办结立案案件244件,移交行政处罚部门审理224起。内幕交易、信息披露违法、操纵市场仍是当前主要违法类型(见图5-2)。

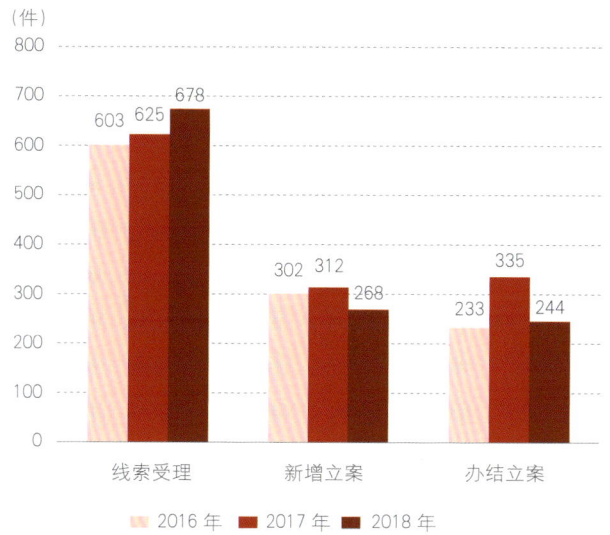

图5-1 2016—2018年案件总体情况

资料来源:中国证监会。

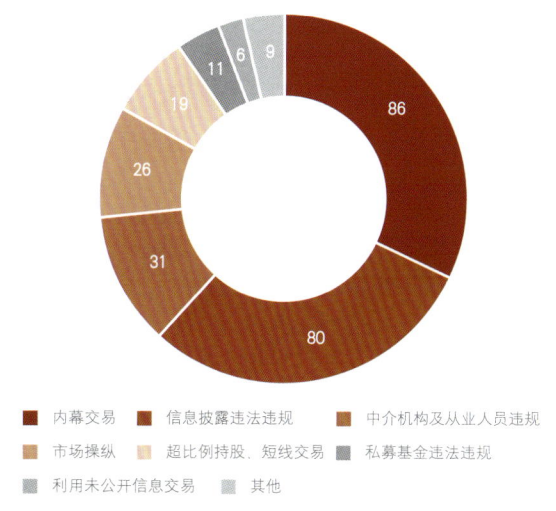

图5-2 2018年立案案件类型分布

资料来源:中国证监会。

2018年,中国证监会集中部署了4个批次的专项执法行动,查办了44起典型案件,重点打击了市场"黑嘴"、屡查屡犯违法主体、上市公司年报信息披露违规等市场影响恶劣、群众反映强烈的市场乱象,严肃查处了长生生物信息披露违法、北八道操纵市场等重大案件。

打造协同配合执法格局,提升稽查执法水平。 深化与公安机关证券犯罪办案基地的执法合作,以情报互换、共同研判、协助调查等方式全年共办理案件24件,向公安机关移送证券期货涉嫌犯罪案件及线索114件,涉及违法主体200余人。会同人民银行、发展改革委出台《关于进一步加强债券市场执法工作有关问题的意见》,建立债券市场统一执法机制。借助部际联合惩戒机制,对90名拒不缴纳罚没款的严重失信人给予信用惩戒和约束。优化案件调查管理体系,组织重大案件办理工作调度推进,研究完善以调查组为基础单元的案件组织管理模式,通过"联合调查""专案组"等模式查办案件47起;形成主要违法类型的类案证据规范,进一步细化稽查办案各环节工作程序,规范调查人员职责权限。提升稽查执法科技水平,研究制定《稽查执法科技化建设工作规划》;深化银行资金电子化查询协作机制，为200余起案件提供查询支持；推广使用电子取证工具和软件，为调查单位配发各类执法设备700余台。

加强行政处罚力度，完善案件审理机制

2018年做出行政处罚决定共310件，同比增长38.39%，罚没款金额106.41亿元，同比增长42.28%，市场禁入50人，同比增长13.64%（见表5-1），均再创历史新高。

进一步完善案件审理机制，建立法律、会计、评估、金融等相关领域行政处罚专家库，借助专业力量更好解决行政处罚工作中的复杂问题，提升依法行政水平。统一行政执法标准，强化全系统行政处罚工作的统筹协调，加强类型化案件认定标准的研究，进一步推进审理业务培训，规范听证程序，创新新闻宣传模式。

表5-1　2016—2018年处罚情况统计

年份	行政处罚决定（项）	市场禁入决定（项）	罚没款总额（亿元）
2016	221	21	42.8
2017	224	25	74.79
2018	310	22	106.41

资料来源：中国证监会。

推进行政复议、应诉工作

2018年全年共办理行政复议案件236件，针对复议发现问题，制发有关行政复议意见建议书，督促规范执法。切实履行行政应诉职责，全系统共办理行政应诉案件229件，妥善处理重大疑难案件，防范化解监管执法风险，行政诉讼终审胜诉率98%。

清理整顿与打非工作

清理整顿各类交易场所。 在清理整顿各类交易场所部际联席会议的部署下，多措并举，整治交易场所乱象，推动交易场所有序整合，有效遏制交易场所违法违规、无序扩张、风险蔓延势头，各类交易场所走上规范发展道路。组织召开清理整顿"回头看"后续工作会议、专题工作会议，部署重点工作任务，协调推动各地区各部门采取措施稳妥处置邮币卡、大宗商品、金融资产等类别交易场所遗留问题和风险，维护金融稳定和社会稳定。加强对重点地区重点场所的专项督导，完善违法违规行为监测机制，优化央地部际协作机制。

严厉打击非法证券期货活动。 在全国开展非法证券投资咨询专项整治行动，大力打击网络非法荐股。协调清理"涉非"信息、净化网络环境，全年清理"涉非"信息1 170条，曝光非法机构、网站133个；支持配合公安机关侦破典型案件震慑不法分子，全年摸排"涉非"案件线索1 757次，向公安机关等移送案件线索472件，出具非法活动性质认定意见177件；持续发布风险警示，开展"防非"宣传教育进社区、进校园等"防非"宣传教育活动，全年共开展宣传教育专场628场，发送宣传材料192万份、短信1.8亿条。

防范化解金融风险

全面防控各类市场风险

通过坚持新股发行常态化，缓解资金配置效率低、企业杠杆率过高带来的风险；通过严格规范再融资募集资金使用，防止"脱实向虚"。坚持和优化常态化现场检查，全年完成对39家IPO企业的现场检查，现场检查113家上市公司再融资募集资金使用情况。全面梳理全国股转系统挂牌公司股权质押、司法冻结、违规担保、资金占用、长期停牌等情况，深入分析潜在风险，明确监管重点，完善风险监测、预警机制。加强跨境、跨市场风险监测分析，全力做好中美经贸摩擦研判应对，建立了涉外投资者监测机制、境外市场运行监测机制、资本市场重点领域风险动态监测机制等。强化对期货市场风险的监测监控，全年持续监测指标触发预警36次，较2017年减少73%；针对受中美经贸摩擦影响的品种、市场关注度高炒作热情高的品种，以及对外开放的重点品种，在关键时间节点，指导交易所按规则坚决采取调整保证金、涨跌停板和交易手续费等措施294次，向交易所提示风险40余次。积极深入推进期货市场穿透式监管，不断完善持续监测指标体系。组织开展私募基金风险排查，排查出已爆发风险及风险隐患较大的机构700余家；指导各证监局化解处置风险事件54起；建立跨部委、跨央地风险处置协调工作机制，稳妥处置重大个案风险。

多措并举推进股票质押风险化解

按照市场化、法治化原则，分类施策、有序处置上市公司股票质押风险，切实守住不发生系统性金融风险的底线。组织对第一大股东质押比例为100%以上的上市公司全覆盖摸排，"一司一策"制定风险处置预案，明确监管对策。对第一大股东质押比例80%以上的重点公司建立风险监测台账，深入一线"穿针引线"，及时协调解决各类问题。沟通协调地方政府及金融监管部门，为处置化解股权质押风险消除政策障碍，创造良好的外部环境。对多家控股股东在风险处置过程中侵占上市公司资金的违法行为坚决立案，从严问责。截至2018年底，地方推动、金融管理部门协调指导、市场各方响应的化解股票质押风险体系初步形成，二级市场急跌踩踏风险得到有效控制，为下一步风险化解工作赢得时间窗口。截至2018年底，已有超过100家公司的质押风险得到暂时缓解，大股东质押比例在80%以上的上市公司共677家，场内外质押融资总余额2.5万亿元，实现环比下降。在各方共同推动下，股票质押风险化解工作取得阶段性成果。

防范债券违约风险，着力构建市场化、法治化违约处置机制

强化以受托管理人为抓手的多层次信用风险防范体系，严格追究债券受托管理人风险监测不力的责任。加强风险监测排查，对年底前到期的债券、股票高比例质押的上市公司相关债券进行全覆盖排查。建立违约及高风险资产证券化产品台账，建立风险化解常态化工作机制。稳妥化解债券违约风险，推动构建市场化、法治化违约处置机制，推动畅通司法救济渠道，引导不良债券投资机构、不良资产处置机构等参与处置债券违约。2018年交易所市场共化解违约公司债券4只，涉及本金10.3亿元。

疏堵结合强化商誉监管

全面摸排存量商誉减值风险，严格控制商誉增量。在并购重组审核中对"高估值、高商誉、高业绩承诺"交易加大监管力度，坚决否决长城影视、神州信息、罗顿发展、中孚信息、通化金马、远望谷等"三高"重组方案。加强监管联动，针对重组标的评估增值率高、业绩真实性存疑的交易开展现场检查。

加强行业信息化基础设施建设

全面加强对行业网络安全和技术运维管理的监督检查，防范由信息技术引发的金融风险。组织召开证券期货业信息化工作领导小组第十四次会议，部署2018年行业网络安全和信息化重点工作。完成证券期货业网络安全联合应急演练，组织全行业网络安全检查。制定发布《证券期货业数据分类分级工作指引》。

积极推进行业金融科技的研究工作,组织制订《关于促进证券期货业金融科技健康发展的指导意见》;会同工信部筹建证券期货业金融科技产业发展联盟;加强信息化基础设施建设管理,完善行业信息技术中心管理机制,开展核心机构系统重大变更评估工作;全面完成证联网银证业务上线工作。

资本市场法治建设

完善基础法律制度和资本市场法规体系建设

推动《证券法》3次审议和《期货法》制定工作。继续推动制定《刑法修正案》,主动开展《公司法》配套修改工作。推动出台《全国人民代表大会常务委员会关于修改〈中华人民共和国公司法〉的决定》,专项修改股份回购有关规定。2018年共出台规章15件、规范性文件36件。

完善诚信监管基础法律制度

修订出台《证券期货市场诚信监督管理办法》,优化资本市场诚信数据库。截至2018年底,诚信数据库共收录主体信息99.56万余条(包括市场机构7.07万家和人员92.49万人),行政许可信息2.93万余条,监管执法信息2.67万余条,另有外部委诚信信息1 761万余条。

持续推进落实上市公司相关责任主体联合惩戒备忘录。全年共向国家信用信息共享平台全量推送资本市场违法失信信息10 530条。2018年,中国证监会与各部委相继签署了21份失信联合惩戒备忘录和1份守信联合激励备忘录,累计签署部际联合奖惩备忘录达50份。

保护投资者合法权益

完善投资者保护制度

健全投资者行权维权机制

提升投资者服务水平

加强投资者教育

完善投资者保护制度

与最高人民法院联合发布《最高人民法院、中国证券监督管理委员会关于全面推进证券期货纠纷多元化解机制建设的意见》（以下简称《意见》），发布《关于"12386"中国证监会服务热线运行有关事项的公告》《证券期货投资者教育基地监管指引》等投资者保护专门文件。组织系统单位就适当性管理办法落实情况进行专项检查、"双随机"现场检查及投诉举报核查，各派出机构现场检查累计1 000余次。

健全投资者行权维权机制

证券期货纠纷多元化解机制由试点转为全面实施。试点两年多来，各类专业调解组织共调解证券期货纠纷9 000多件，调解成功率80%以上，补偿或赔偿投资者金额达15亿元。通过网站向社会公布"证券期货纠纷多元化解十大典型案例"，总结既往经验，指导今后证券期货纠纷的多元化解工作。

推进示范判决机制试点实践。在《意见》中明确示范判决机制主要内容，丰富和细化了原有试点通知的要求。

积极丰富投资者赔偿救济实践。截至2018年底累计提起16起证券支持诉讼，案件类型涉及虚假陈述民事赔偿、操纵市场民事赔偿和基金合同纠纷等。累计获赔投资者110人次，获赔总金额达674万元。

进一步规范持股行权工作。印发《持股行权工作指引》，规范行权工作程序、标准、信息披露等相关制度。2018年，中证中小投资者服务中心有限责任公司共计行权1 321次，参加股东大会109场，发送股东建议函350件。

提升投资者服务水平

开通中国投资者网，利用科技化信息化方式保护投资者。网站自开通以来，累计发布信息6 000多篇；累计访客21.11万个，累计访问量62.66万人次，累计有效注册用户数2 521人。优化"12386热线"工作机制，全面提升热线诉求办理效率。扩展热线投诉直转试点范围，启动投诉转调解试点工作，加强诉求数据分析，全年热线共接收和处理投诉者诉求7.4万件。首度完成全国股票市场投资者状况调查，逐步完善投资者保护基础数据，为"精准监管、精准保护、精准服务"提供决策基础和参考。

加强投资者教育

探索公益广告、电视竞赛等喜闻乐见的理性投资教育方式。制作播放投资者教育公益广告，组织开展《股东来了》等知识竞赛活动，全国共有1 340多万人次参与。

持续做好投资者教育基地建设管理工作。完成首批国家级和省级基地考核工作。启动第三批基地申报命名工作，各基地服务社会公众上亿人次，举办投资者教育活动1.5万场，新投放投资者教育产品2 000多种。

组织开展"理性投资从我做起"投资者教育专项活动。共投放各类投资者教育产品300余种、1 000多万份，举办投资者教育活动1 700余场，涉及数百万投资者。持续推动投资者教育纳入国民教育体系工作，完成相关评估工作，组织开展相关课题研究。

对外开放

资本市场互联互通

投融资跨境双向流动

扩大对港澳台开放

国际交流与合作

资本市场互联互通

深化两地市场互联互通

自内地与香港市场互联互通机制开通以来，整体运行平稳有序，交易结算、额度控制、换汇、市场监察等各个环节运作正常，实现了预期目标。自2018年5月1日起，互联互通每日额度扩大4倍，沪股通及深股通每日额度调整为520亿元人民币，沪港通下的港股通及深港通下的港股通每日额度调整为420亿元人民币。2018年9月26日，北向投资者看穿机制正式实施，两地已就南向看穿式监管机制框架方案达成共识。2018年全年，互联互通成交金额为70 410亿元，沪港通、深港通成交金额分别为41 838亿元、28 572亿元。推动完善港股通标的选取机制。研究开展ETF纳入沪深港通标的相关工作。与香港证监会签署有关协议，加强两地股票市场互联互通机制下的信息共享。

"沪伦通"准备工作基本就绪

发布《关于上海证券交易所和伦敦证券交易所存托凭证业务的监管规定》，协调交易所和登记结算机构发布配套业务规则，制度建设基本完成。与英国监管机构正式签署《沪伦通监管合作备忘录》。开展"沪伦通"项下商业银行担任存托凭证试点存托人资格的审批工作。

投融资跨境双向流动

支持符合条件的境内企业境外上市融资

2018年，经中国证监会核准，36家境内企业实现境外融资约1 624亿港元，其中境外首发融资约1 077亿港元，境外再融资约547亿港元。截至2018年底，共有268家境内企业在境外上市，境内企业境外上市融资总额约28 365亿港元。

稳步推进期货市场国际化进程

持续推动期货市场对外开放，引入境外交易者参与境内特定品种期货交易。2018年3月26日，我国首个国际化期货品种原油期货正式挂牌交易，并直接引入境外交易者参与交易。2018年，以单边计，我国原油期货日均成交量14.03万手，日均成交金额673.99亿元。铁矿石、PTA期货分别于5月4日和11月30日引入境外交易者参与交易。

引进更多境外长期资金

继续稳步推进合格境外机构投资者（QFII）、人民币合格境外机构投资者（RQFII）资格审批，增加RQFII试点投资额度至19 400亿元人民币，吸引更多境外长期资金投资中国资本市场。2018年，共批准20家境外机构的QFII、RQFII资格。截至2018年底，共批准309家境外机构QFII资格、231家境外机构RQFII资格；同时，加快推进QFII、RQFII规则修订工作，放宽准入条件，扩大投资范围，便利投资运作，加强持续监管。

有序扩大证券期货基金服务业双向开放

发布《外商投资证券公司管理办法》，允许外资持股比例放宽至51%，逐步放开合资证券公司业务范围。允许基金管理公司外资持股比例达到51%。核准瑞银集团增持瑞银证券股比至51%。核准渣打银行成为首家外商独资证券投资基金托管机构。截至2018年底，共有13家合资证券公司、44家合资基金管理公司。

发布《证券公司和证券投资基金管理公司境外设立、收购、参股经营机构管理办法》，统一准入条件，明确监管要求，强化母公司对境外子公司管控，支持符合条件的证券基金经营机构"走出去"，有序开展境外业务，逐步提高跨境金融服务能力和国际竞争力。截至2018年底，共有56家证券基金经营机构在境外设立或收购57家子公司。

发布实施《外商投资期货公司管理办法》，从持股形式、高管履职、信息系统部署等方面对外商投资期货公司进行规范。做好期货公司新设境外期货类经营机构及增资事宜的备案工作，支持符合条件的期货公司深化境外布局，提升跨境服务能力。截至2018年底，已有20家期货公司在香港地区设立子公司，并延伸到美国、英国、新加坡等地拓展业务。

持续推动私募基金行业对外开放，支持更多外资机构在境内开展业务。截至2018年底，在基金业协会登记的外资私募证券基金管理人16家，备案基金产品26只，管理规模36.20亿元。从事私募股权投资和创业投资的外资管理机构（企业性质为中外合资企业、外商独资企业）共222家，管理基金566只，管理规模3 392.93亿元。

保障A股平稳顺利纳入MSCI指数，推动A股成功纳入富时罗素指数

积极推动A股纳入国际知名指数，持续完善资本市场跨境投资制度环境，引导纳入工作取得积极进展。2017年明晟（MSCI）宣布A股纳入，首批纳入MSCI实施工作已于2018年5月底和8月底分两批完成。优化沪深港通机制、持续完善上市公司停复牌、信息披露、交易结算等基础性制度，促成富时罗素、标普道琼斯分别于2018年9月27日和12月6日正式宣布A股纳入其指数。2018年，境外投资者累计净买入A股2 585.38亿元（口径包括QFII、RQFII、沪深港通）。

专栏 深化境外上市制度改革

顺利完成H股公司"全流通"试点建设。经党中央、国务院批准，中国证监会于2017年12月29日宣布启动试点。2018年以来，中国证监会先后核准联想控股股份有限公司、中国航空科技工业股份有限公司和山东威高集团医用高分子制品股份有限公司3家H股公司的试点申请。在各方面的共同努力下，试点已顺利实施。

推进D股市场建设。积极支持符合条件的境内企业发行上市D股。2018年10月24日，青岛海尔股份有限公司发行D股并在中欧国际交易所D股市场上市交易，成为首家D股上市公司。

推出"新三板+H股"两地挂牌。积极支持境内企业开展"新三板+H股"两地挂牌。2018年4月21日，全国股转公司与港交所签署合作谅解备忘录，明确"新三板+H股"两地挂牌制度安排。2018年，中国证监会共核准3家新三板挂牌公司H股首发申请。2018年12月24日，上海君实生物医药科技股份有限公司完成H股首发上市，成为首家"新三板+H股"两地挂牌公司。

扩大对港澳台开放

支持港澳融入国家发展大局，促进两岸经济文化交流合作

支持"建设粤港澳大湾区"国家战略，积极配合有关部门做好《粤港澳大湾区发展规划纲要》及配套措施的研究制定和落实工作；支持香港、澳门地区充分发挥自身优势参与和助力"一带一路"建设，支持澳门特色金融发展，开展相关政策研究。落实《关于促进两岸经济文化交流合作的若干措施》要求，指导证券、基金和期货业协会出台简化台湾同胞申请大陆从业资格程序的政策。支持台资企业在大陆资本市场

直接融资，助力台资企业做大做优做强，促进两岸经济社会融合发展。2018年，富士康工业互联网股份有限公司等台资企业成功登陆A股市场。

稳步推进内地与香港地区基金产品互认

2018年共批复北上互认基金7只。截至2018年底，17只获批的北上互认基金中有11只在境内公开销售，合计销售保有净值约87.69亿元人民币。50只获批的南下互认基金中有22只开始在香港地区公开销售，合计销售保有净值3.64亿元人民币。

支持符合条件的内地证券公司、基金管理公司在香港设立分支机构

截至2018年底，内地证券公司、基金管理公司分别在香港地区设立或收购了31家、24家子公司。

国际交流与合作

加强国际监管和执法合作

签署双边监管合作谅解备忘录。 2018年，中国证监会与哈萨克斯坦阿斯塔纳金融服务管理局、伊朗证监会、开曼群岛金融管理局分别签署证券期货监管合作谅解备忘录，与香港证监会签署跨境衍生品监管合作谅解备忘录，与新加坡金融管理局升级《关于期货监管合作与信息交换的谅解备忘录》，与日本、法国、韩国等国监管部门更新签署双边证券市场合作、监管合作及人员交流谅解备忘录。截至2018年底，中国证监会共与63个国家（或地区）的证券期货监管机构签署了双边监管合作谅解备忘录。

积极开展跨境监管与执法协作。 认真履行IOSCO多边备忘录（MMoU）下跨境监管与执法合作义务，办理境外协查请求28件（不含香港地区数据），为美国、法国、澳大利亚、马来西亚等国监管机构提供有效协助；依请求向香港证监会、新加坡金融管理局提供涉及期货交易所、期货公司及从业人员的相关监管信息共24件。上海国际能源交易中心和大连商品交易所在香港地区注册成为自动化交易服务提供商（ATS），上海国际能源交易中心在新加坡注册成为认可市场运营者（RMO）。夯实完善内地香港协同调查工作机制，全年新增处理各类对港跨境执法协作事项97件，召开两次执法合作工作会议，举办稽查执法典型案例联合培训1次，互派执法人员交流实习3批次；支持稽查执法部门利用多边执法协作机制开展调查，发出协查请求12件，为近年最高水平。

推进战略对话和投资谈判

2018年，中国证监会参加中美、中法、中日、中加等政府间双边对话磋商机制，其中第六次中法高级别经济财金对话、首轮中加经济财金对话共达成约20项政策成果；成功举办第三届中新证券期货监管圆桌会，深化双方在跨境衍生品监管与人员交流等方面的合作。参与中欧投资协定（BIT）、中韩自贸协定（FTA）、区域全面经济伙伴关系协定（RCEP）等双多边投资协定和自贸区谈判，全力支持自贸区建设，拓展更加务实紧密的双边合作。

增进与国际组织的合作交流

深入参与国际证监会组织相关工作。 2018年，中国证监会当选亚太地区委员会、多边备忘录监督小组、二级市场监管委员会副主席，不断提高话语权和领导力；积极参与IOSCO理事会及其下设各委员会和工作组的工作，派员加入新设立的金融科技、可持续金融等专项工作组；推动中小投资者投诉处理与权益救济项目成功立项并牵头开展，参与加密资产交易平台监管等报告的起草工作，积极引领国际最佳实践制定并宣传中国经验。加强看穿式监管的国际宣传，在国际证监会组织第二委员会工作会议上介绍沪深港通北向看穿机制。

积极利用多边场合宣传我国资本市场发展成就，增信释疑。 积极参与IOSCO二级市场监管原则、复杂

产品分销的投资者适当性要求、货币市场基金和证券化监管等国际标准实施情况专题评估；参加国际货币基金组织（IMF）第四条款中期磋商和年度磋商、东盟和中日韩宏观经济研究办公室国别经济磋商；向世界银行中国营商环境报告组介绍中国中小投资者保护最新改革情况，推动相关指标排名大幅提升。

深化与其他国际组织务实合作。 落实与 IMF 中长期技术援助谅解备忘录，联合举办金融科技与网络安全专题培训班。与世界银行合办场外衍生品监管圆桌会议。参与金融稳定理事会（FSB）影子银行等相关工作。配合相关部委参与二十国集团（G20）、世界贸易组织（WTO）、亚太经合组织（APEC）、亚洲开发银行（ADB）、金融行动特别工作组（FATF）等多边框架下的务实合作。

附录

附录1 证券期货市场 2018 年监管大事记

附录2 2018 年中国证监会颁布的部门规章和规范性文件

附录3 系统单位简介及联系方式

附录1　证券期货市场2018年监管大事记

1. 1月19日，红狮控股集团有限公司"一带一路"建设公司债券在上交所成功发行，成为首家国内企业公开发行的"一带一路"建设公司债券。

2. 1月24日，中央编办批复同意上交所加挂"中国证券博物馆"牌子，负责收集、整理、保管反映我国证券发展历史和建设成就的文物，举办相关陈列展览、交流和教育活动。

3. 1月29日，中国结算私募类资管产品看穿（一期）项目上线，进一步加强对私募投资基金等产品账户的管理，实行"看穿式监管"。

4. 1月30日，中国结算顺利完成国内首单美元ABS华泰资管中飞租一期资产支持专项计划发行登记工作。

5. 2月5日，中国证监会与国家文物局联合发布《关于支持中国证券博物馆征集金融证券类藏品的通知》。

6. 2月5日，中金所实施免收5年期国债期货各合约平今仓交易手续费的措施，以提高5年期国债期货市场运行质量，促进产品功能发挥。

7. 2月8日，招商局港口控股有限公司及普洛斯洛华中国海外控股（香港）有限公司"一带一路"公司债券在深交所成功发行，成为市场首批公开发行的"一带一路"熊猫公司债券。

8. 2月11日，中国证监会发布《养老目标证券投资基金指引（试行）》，进一步满足养老资金理财需求，规范养老目标证券投资基金的运作，保护投资人的合法权益。

9. 3月1日，中国证监会发布《上市公司创业投资基金股东减持股份的特别规定》，对专注于长期投资和价值投资的创业投资基金减持其持有的上市公司首次公开发行前的股份给予政策支持。

10. 3月5日，深交所主板上市公司恒逸石化股份有限公司"一带一路"公司债券成功发行，成为首单境内上市公司公开发行的"一带一路"公司债券。

11. 3月6日，中国证监会与中国人民银行、中国银监会、中国保监会联合印发《关于〈对真抓实干成效明显地方激励措施的实施办法（2018）〉的通知》。

12. 3月13日，国内首单央企租赁住房REITs项目中联前海开源·保利地产租赁住房一号第一期资产支持专项计划在上交所完成首期发行，发行总额17.17亿元。该项目也是首单储架发行的REITs项目。

13. 3月21日，重庆龙湖企业拓展有限公司首期住房租赁专项公募债券在上交所成功发行，标志着全国首单住房租赁专项债券的成功发行。

14. 3月26日，原油期货在上海国际能源交易中心挂牌上市。

15. 3月30日，中国证监会与中央网信办联合印发《关于〈推动资本市场服务网络强国建设的指导意见〉的通知》。

16. 4月11日，中国证监会联合香港证监会发布公告，5月1日起扩大互联互通每日额度，将沪股通及深股通每日额度分别调整为520亿元人民币，沪港通下的港股通及深港通下的港股通每日额度分别调整为420亿元人民币。

17. 4月19日，中国证监会发布《公开发行证券的公司信息披露编报规则第14号——非标准审计意见及其涉及事项的处理（2018年修订）》，进一步提高公开发行证券的公司信息披露质量，规范与公司财务报表非标准审计意见及涉及事项有关的信息披露行为，保护投资者合法权益。

18. 4月20日，中国证监会推出首家H股"全流通"试点企业（联想控股股份有限公司）。

19. 4月24日，中国证监会发布《公开发行证券的公司信息披露编报规则第19号——财务信息的更正及相关披露（2018年修订）》，规范公开发行证券的公司披露其更正后财务信息的行为，提高财务信息披露的可靠性和及时性，保护投资者的合法权益。

20. 4月26日，上交所首只现金申赎类债券ETF（511310富国十年债）上市交易。
21. 4月27日，中国证监会与中国人民银行、中国银保监会、国家外汇管理局联合发布《关于规范金融机构资产管理业务的指导意见》。
22. 5月4日，期货监控中心铁矿石期货正式实施引入境外交易者业务。
23. 5月14日，沪深交易所联合体与孟加拉国达卡证券交易所在孟加拉国首都达卡举行股权收购协议签署仪式。根据协议，该次中方联合体收购达卡交易所4.5亿股，约占总股本的25%，交易金额94.7亿塔卡（约1.2亿美元）。
24. 5月22日，中国投资者网（www.investor.gov.cn）正式开通运行。
25. 5月23日，中国证监会与韩国金融委员会及韩国金融监督院更新签署了《证券期货监管合作谅解备忘录》，增加了建立双方高层例会会晤机制和工作层互派交流机制等内容，以促进各自证券期货市场的健康发展，标志着中韩证券期货监管机构的合作进入一个新的阶段。
26. 6月1日，A股正式纳入MSCI新兴市场指数。这是自2013年6月MSCI启动A股纳入MSCI新兴市场指数全球征询后的首次正式纳入。
27. 6月6日，中国证监会核准首家境内企业（青岛海尔股份有限公司）到中欧国际交易所发行上市D股。
28. 6月10日，在中伊（朗）两国元首的见证下，中国证监会与伊朗证券和交易组织（伊朗证监会）在青岛（上合组织峰会期间）签署《证券期货监管合作谅解备忘录》。
29. 7月5日，中国证监会核准山东威高集团医用高分子制品股份有限公司H股"全流通"试点申请。至此，H股"全流通"3家试点全部顺利推出。
30. 7月5日，中国证监会与国家发展改革委、中国人民银行、财政部、中国银保监会、国资委联合发布《关于做好市场化债转股意向企业信息填报展示相关工作的通知》。
31. 8月6日，上交所修订《上海证券交易所交易规则》等5项业务规则，优化收盘交易机制，对股票交易实行收盘集合竞价，并自2018年8月20日起正式实施。
32. 8月15日，中国结算发布《关于符合条件的外籍人员开立A股证券账户有关事项的通知》，明确符合条件的外籍人员可以开立A股证券账户。
33. 8月17日，证券业协会发布《区域性股权市场自律管理与服务规范（试行）》。
34. 8月31日，中国结算发布《关于使用港澳台居民居住证办理相关业务的通知》，明确港澳台居民可以按照相关业务规则，使用港澳台居民居住证申请办理有关业务。
35. 9月11日，中国证监会与国家发展改革委、科技部、财政部、国家市场监督管理总局联合发布《〈关于深入实施创新驱动发展战略 引导高成长创新企业 健康规范发展的意见〉的通知》。
36. 9月26日，沪深港通北向看穿机制（投资者识别码制度）正式实施。
37. 9月26日，明晟指数（MSCI）宣布就进一步提升A股在MSCI指数中的纳入比例开展市场咨询。
38. 9月27日，富时罗素2018年中国A股评估结果新闻发布会宣布将A股纳入其全球股票指数体系。富时罗素是继MSCI之后，第二家将中国A股纳入其指数体系的全球主要股票指数公司。
39. 9月29日，中国证监会与中国人民银行、中国银保监会联合发布《关于〈互联网金融从业机构反洗钱和反恐怖融资管理办法（试行）〉的通知》。
40. 10月12日，中国证监会发布《关于上海证券交易所与伦敦证券交易所互联互通存托凭证业务的监管规定（试行）》。
41. 10月16日，上期所重新挂牌上市交易线材期货。
42. 10月22日，中国证监会发布《关于"12386"中国证监会服务热线运行有关事项的公告》，明确进一步提升证券期货市场投资者服务工作水平，畅通投资者诉求处理渠道，更好地保护投资者合法权益。
43. 10月26日，在国务院总理李克强和日本首相安倍晋三的共同见证下，中国证监会与日本金融厅在北京签署了《中国证监会与日本金融厅关于促进两国证券市场合作的谅解备忘录》，标志着中日证券期货监管机构的合作进入新阶段。

44. 11月2日，上交所同意中国长江航运集团南京油运股份有限公司股票重新上市，完成了自重新上市制度建立以来的首单实践。

45. 11月5日，国家主席习近平在首届中国国际进口博览会上宣布，在上海证券交易所设立科创板并试点注册制。

46. 11月6日，中国证监会发布《关于完善上市公司股票停复牌制度的指导意见》，进一步促进上市公司规范治理、提升质量，确保上市公司股票停复牌信息披露及时、公平，维护市场交易秩序，保护广大中小投资者合法权益。

47. 11月12日，在国务院总理李克强和新加坡总理李显龙的共同见证下，中国证监会与新加坡金融管理局《关于期货监管合作与信息交换的谅解备忘录》在新加坡举行正式换文仪式。

48. 11月13日，中国证监会与国家发展改革委、人民银行、财政部、中国银保监会联合发布《关于鼓励相关机构参与市场化债转股的通知》。

49. 11月13日，中国证监会与最高法联合发布《关于〈全面推进证券期货纠纷多元化解机制建设的意见〉的通知》。

50. 11月14日，上交所参建的阿斯塔纳国际交易所正式开市，哈萨克原子能公司发行首笔普通股及全球存托凭证。

51. 11月15日，中国证监会发布《公开发行证券的公司信息披露内容与格式准则第26号——上市公司重大资产重组（2018年修订）》，支持上市公司并购重组，提高上市公司质量，服务实体经济，落实股票停复牌制度改革，减少简化上市公司并购重组预案披露要求。

52. 11月16日，深交所启动对长生生物重大违法强制退市机制。

53. 11月27日，上期所正式挂牌交易纸浆期货。

54. 11月27日，中国证监会与中国人民银行、中国银保监会联合发布《关于完善系统重要性金融机构监管的指导意见》。

55. 11月28日，中国证监会发布《证券公司大集合资产管理业务适用〈关于规范金融机构资产管理业务的指导意见〉操作指引》，推进证券公司资产管理业务的规范发展，保护投资者合法权益。

56. 12月10日，乙二醇期货在大商所正式挂牌上市。乙二醇期货是大商所上市的第17个期货品种、第4个化工品种，是大商所完善石化期货品种体系、拓展服务实体经济深度和广度的重要探索。

57. 12月14日，深交所发行深市首只民营企业债券融资支持工具。

58. 12月14日，全国首单公共人才租赁住房类REITs"深创投安居集团人才租赁住房第一期资产支持专项计划"在深交所挂牌。

59. 12月19日，上交所成功完成首批雄安新区政府债券发行。此批债券由河北省人民政府代发，转贷雄安新区使用，规模为300亿元，包括5年期到30年期多个品种。

60. 12月21日，奇艺世纪知识产权资产支持证券在上交所成功发行，标志着全国首单知识产权资产支持证券成功落地，实现了我国知识产权证券化的零突破。

61. 12月22日，中国证券博物馆正式揭牌。

62. 12月24日，首家"新三板+H股"两地挂牌公司君实生物在港交所主板上市交易。

附录2 2018年中国证监会颁布的部门规章和规范性文件

中国证监会颁布的部门规章

1. 《关于修改〈中国证券监督管理委员会行政许可实施程序规定〉的决定》（2018年3月8日 证监会令[第138号]）
2. 《证券期货市场诚信监督管理办法》（2018年3月28日 证监会令[第139号]）
3. 《外商投资证券公司管理办法》（2018年4月28日 证监会令[第140号]）
4. 《关于修改〈首次公开发行股票并上市管理办法〉的决定》（2018年6月6日 证监会令[第141号]）
5. 《关于修改〈首次公开发行股票并在创业板上市管理办法〉的决定》（2018年6月6日 证监会令[第142号]）
6. 《存托凭证发行与交易管理办法（试行）》（2018年6月6日 证监会令[第143号]）
7. 《关于修改〈证券发行与承销管理办法〉的决定》（2018年6月15日 证监会令[第144号]）
8. 《证券期货经营机构及其工作人员廉洁从业规定》（2018年6月27日 证监会令[第145号]）
9. 《关于修改〈关于改革完善并严格实施上市公司退市制度的若干意见〉的决定》（2018年7月27日证监会令[第146号]）
10. 《关于修改〈证券登记结算管理办法〉的决定》（2018年8月15日 证监会令[第147号]）
11. 《关于修改〈上市公司股权激励管理办法〉的决定》（2018年8月15日 证监会令[第148号]）
12. 《外商投资期货公司管理办法》（2018年8月24日 证监会令[第149号]）
13. 《证券公司和证券投资基金管理公司境外设立、收购、参股经营机构管理办法》（2018年9月25日 证监会令[第150号]）
14. 《证券期货经营机构私募资产管理业务管理办法》（2018年10月22日 证监会令[第151号]）
15. 《证券基金经营机构信息技术管理办法》（2018年12月19日 证监会令[第152号]）

中国证监会颁布的规范性文件

1. 《养老目标证券投资基金指引（试行）》（2018年2月11日 证监会公告[2018]2号）
2. 《区域性股权市场信息报送指引（试行）》（2018年2月12日 证监会公告[2018]3号）
3. 《上市公司创业投资基金股东减持股份的特别规定》（2018年3月1日 证监会公告[2018]4号）
4. 《证券期货投资者教育基地监管指引》（2018年3月14日 证监会公告[2018]5号）
5. 《证券公司投资银行类业务内部控制指引》（2018年3月23日 证监会公告[2018]6号）
6. 《公开发行证券的公司信息披露编报规则第14号——非标准审计意见及其涉及事项的处理》（2018年4月19日 证监会公告[2018]7号）
7. 《公开发行证券的公司信息披露编报规则第19号——财务信息的更正及相关披露》（2018年4月24日 证监会公告[2018]8号）
8. 《关于在一定期限内适当限制特定严重失信人乘坐火车和民用航空器实施细则》（2018年5月14日 证监会公告[2018]9号）
9. 《关于进一步规范货币市场基金互联网销售、赎回相关服务的指导意见》（2018年5月30日 证监会公告[2018]10号）
10. 《保荐创新企业境内发行股票或存托凭证尽职调查工作实施规定》（2018年6月6日 证监会公告[2018]11号）
11. 《公开发行证券的公司信息披露编报规则第22号——创新试点红筹企业财务报告信息特别规定（试行）》（2018年6月6日 证监会公告[2018]12号）
12. 《试点创新企业境内发行股票或存托凭证并上市监管工作实施办法》（2018年6月6日 证监会公告[2018]13号）
13. 《公开发行证券的公司信息披露编报规则第23号——试点红筹企业公开发行存托凭证招股说明书内容与格式指引》（2018年6月6日 证监会公告[2018]14号）

14. 《公开发行证券的公司信息披露内容与格式准则第40号——试点红筹企业公开发行存托凭证并上市申请文件》（2018年6月6日 证监会公告[2018]15号）

15. 《中国证监会科技创新咨询委员会工作规则（试行）》（2018年6月6日 证监会公告[2018]16号）

16. 《关于试点创新企业实施员工持股计划和期权激励的指引》（2018年6月6日 证监会公告[2018]17号）

17. 《关于试点创新企业整体变更前累计未弥补亏损、研发费用资本化和政府补助列报等会计处理事项的指引》（2018年6月6日 证监会公告[2018]18号）

18. 《创新企业境内发行股票或存托凭证上市后持续监管实施办法（试行）》（2018年6月14日 证监会公告[2018]19号）

19. 《存托凭证存托协议内容与格式指引（试行）》（2018年6月14日 证监会公告[2018]20号）

20. 《关于商业银行担任存托凭证试点存托人有关事项规定》（2018年6月15日 证监会公告[2018]21号）

21. 《关于加强证券公司在投资银行类业务中聘请第三方等廉洁从业风险防控的意见》（2018年6月27日 证监会公[2018]22号）

22. 《证券基金经营机构使用香港机构证券投资咨询服务暂行规定》（2018年6月27日 证监会公告[2018]23号）

23. 《关于修改〈中国证券监督管理委员会上市公司并购重组审核委员会工作规程〉的决定》（2018年7月3日 证监会公告[2018]24号）

24. 《〈中国证券监督管理委员会行政许可实施程序规定〉第十五条、第二十二条有关规定的适用意见——证券期货法律适用意见第13号》（2018年7月10日 证监会公告[2018]25号）

25. 《关于进一步加强期货经营机构客户交易终端信息采集有关事项的公告》（2018年9月7日 证监会公告[2018]27号）

26. 《上市公司治理准则》（2018年9月30日 证监会公告[2018]29号）

27. 《关于上海证券交易所与伦敦证券交易所互联互通存托凭证业务的监管规定（试行）》（2018年10月12日 证监会公告[2018]30号）

28. 《证券期货经营机构私募资产管理计划运作管理规定》（2018年10月22日 证监会公告[2018]31号）

29. 《关于"12386"中国证监会服务热线运行有关事项的公告》（2018年10月22日 证监会公告[2018]32号）

30. 《〈非上市公众公司重大资产重组管理办法〉第十八条、第十九条有关规定的适用意见——证券期货法律适用意见第14号》（2018年10月26日 证监会公告[2018]33号）

31. 《关于完善上市公司股票停复牌制度的指导意见》（2018年11月6日 证监会公告[2018]34号）

32. 《关于支持上市公司回购股份的意见》（2018年11月9日 证监会公告[2018]35号）

33. 《公开发行证券的公司信息披露内容与格式准则第26号——上市公司重大资产重组（2018年修订）》（2018年11月15日 证监会公告[2018]36号）

34. 《关于认真学习贯彻〈全国人民代表大会常务委员会关于修改《中华人民共和国公司法》的决定〉的通知》（2018年11月20日 证监会公告[2018]37号）

35. 《中国证监会关于落实证明事项清理工作取消相关事项的决定》（2018年11月22日 证监会公告[2018]38号）

36. 《证券公司大集合资产管理业务适用〈关于规范金融机构资产管理业务的指导意见〉操作指引》（2018年11月28日 证监会公告[2018]39号）

附录3 系统单位简介及联系方式

上海证券交易所

上海证券交易所（简称上交所）成立于1990年11月26日，是实施自律管理的法人，归属中国证监会直接管理。

上交所主要职能包括：提供证券交易的场所、设施和服务；制定和修改证券交易所的业务规则；审核、安排证券上市交易，决定证券暂停、恢复、终止和重新上市；提供非公开发行证券转让服务；组织和监督证券交易；对会员进行监管；对证券上市交易公司及相关信息披露义务人进行监管，对证券服务机构为证券上市、交易等提供服务的行为进行监管；管理和公布市场信息；开展投资者教育和保护；法律、行政法规规定及中国证监会许可、授权或委托的其他职能。

上交所市场交易的证券品种主要包括股票、衍生品、债券、基金4大类。截至2018年12月28日，沪市上市公司达到1 450家，股票总市值26.95万亿元，成交金额40.32万亿元，筹资总额6 114亿元。股票期权累计挂牌交易合约数626个，累计合约成交量31 621万张，累计成交合约面值8.35万亿元。债券现货挂牌数12 089只，托管量8.39万亿元，累计成交金额216.95万亿元（其中，债券现货累计成交金额51 252亿元）。基金挂牌总数233只，总市值4 490亿元，累计成交金额71 651亿元。

联系电话：021-68808888
传真：021-68804868
电子邮件：webmaster@secure.sse.com.cn
网址：www.sse.com.cn
地址：上海市浦东南路528号证券大厦（200120）

深圳证券交易所

深圳证券交易所（简称深交所）于1990年12月开始营业，是实行自律管理的法人，归属中国证监会直接管理。

深交所的主要职能包括：提供证券集中交易的场所、设施和服务；制定和修改证券交易所的业务规则；审核、安排证券上市交易，决定证券暂停上市、恢复上市、终止上市和重新上市；提供非公开发行证券转让服务；组织和监督证券交易；组织实施交易品种和交易方式创新；对会员进行监管；对证券上市交易公司及相关信息披露义务人进行监管；对证券服务机构为证券上市、交易等提供服务的行为进行监管；设立或者参与设立证券登记结算机构；管理和公布市场信息；开展投资者教育和保护；法律、行政法规规定的以及中国证监会许可、授权或者委托的其他职能。

截至2018年底，深交所共有上市公司2 134家，上市股票2 172只。股票市价总值16.54万亿元，流通市值12.11万亿元，筹资总额3 945.35亿元，累计成交金额49.98万亿元。债券现货挂牌4 904只，托管量1.90万亿元，累计成交金额20.43万亿元。基金挂牌总数517只，总市值1 299.22亿元，累计成交金额3.09万亿元。

联系电话：0755-88668888
传真：0755-82083947
电子邮件：cis@szse.cn
网址：www.szse.cn
地址：广东省深圳市福田区深南大道2012号（518038）

上海期货交易所

上海期货交易所（简称上期所）是在中国证监会集中统一监督管理下，依法依规组织期货交易及其相关活动，并实行自律管理的法人。

上期所主要职能包括：为期货交易及相关的其他业务提供场所、设施和服务；制定并实施业务规则和风险管理制度；设计并安排合约上市；中国证监会许可的其他职能。

截至2018年底，上期所上市交易的有铜、铝、锌、铅、镍、锡、黄金、白银、螺纹钢、线材、热轧卷板、原油、燃料油、石油沥青、天然橡胶、纸浆16个期货品种以及铜期权。上期所共有会员197家，其中期货公司会员149家；在全国各地开通远程交易终端2 235个。2018年，上期所（含上期能源）总成交金额94.28万亿元、总成交量12.02亿手（单边计算），分别占全国的39.68%和44.72%。

联系电话：021-68400000
传真：021-68401198
电子邮件：info@shfe.com.cn
网址：www.shfe.com.cn
地址：上海市浦东新区浦电路500号（200122）

郑州商品交易所

郑州商品交易所（以下简称郑商所）成立于1990年10月，是国务院批准成立的首家期货市场试点单位，由中国证监会管理。

郑商所主要职能包括：提供期货交易场所、期货合约设计与上市服务，期货交易结算与交割服务；进行期货交易监督，期货交易风险管理；提供期货交易信息服务等。

截至2018年底，郑商所上市交易18个期货品种和白糖期权，交易期货品种包括优质强筋小麦、普通小麦、早籼稻、粳稻、棉花、油菜籽、菜籽油、菜籽粕、白糖、动力煤、甲醇、精对苯二甲酸、玻璃、晚籼稻、硅铁、锰硅、棉纱和苹果；共有场内会员151家，投资者开户约159.4万户；指定交割仓（厂）库239家；指定保证金存管银行14家。2018年，郑商所累计成交量81 783.0万手（以下数据按单边计算），成交金额382 203.8亿元，日均持仓量344.3万手，同比分别增长39.6%、78.9%和3.7%。

联系电话：0371-65610069
传真：0371-65613068
电子邮件：czce@czce.com.cn
网址：www.czce.com.cn
地址：河南省郑州市郑东新区商务外环路30号（450018）

大连商品交易所

大连商品交易所成立于1993年，是经国务院批准并由中国证监会监督管理的期货交易所。多年来，大商所规范运营、稳步发展，已发展为全球最大的农产品、塑料、煤炭、铁矿石期货市场，实现了多元、开放的战略转型，成为包括期货、期权、互换等工具在内的我国重要的综合性衍生品交易中心。

大商所主要职能包括：提供期货、期权交易场所、设施和服务；设计合约，安排合约上市；组织并监督交易、结算和交割；对市场参与者进行监督管理，查处违规行为；制定并实施风险管理制度，控制市场风险；组织开展市场宣传和投资者教育服务；交易信息和技术服务等。

截至2018年底，大商所上市交易黄大豆1号、豆粕、玉米、黄大豆2号、豆油、线型低密度聚乙烯、棕榈油、聚氯乙烯、焦炭、焦煤、铁矿石、鸡蛋、纤维板、胶合板、聚丙烯、玉米淀粉、乙二醇17个期货品种，1个豆粕期权品种，同时铁矿石期货引入境外交易者、商品互换业务正式实施。截至2018年底，大商所共有会员单位165家，投资者开户340.39万户，其中，法人客户9.45万户，交割库314家，结算银行14家。2018年，大商所累计成交量9.82亿手（以下数据按单边计算），同比减少10.84%，成交额52.2万亿元，同比增长0.36%，日均持仓588.56万手，同比减少5.73%。

联系电话：0411-84808888
传真：0411-84808588
电子邮件：office@dce.com.cn
网址：www.dce.com.cn
地址：辽宁省大连市沙河口区会展路129号（116023）

中国金融期货交易所

中国金融期货交易所成立于2006年9月8日，是经国务院同意、中国证监会批准的国内第一家公司制交易所，也是国内唯一一家专门从事金融期货期权等衍生品市场建设的交易所，注册资本为100亿元人民币。

中金所主要职能包括：组织安排金融期货等金融衍生品上市交易、结算和交割；制订业务管理规则；实施自律管理；发布市场交易信息；提供技术、场所、设施服务；中国证监会许可的其他职能。

截至2018年底，中金所共上市沪深300、上证50、中证500股指期货3个股指期货产品和2年期、5年期、10年期国债期货3个国债期货产品。2018年，股指期货成交1 634.43万手，成交金额15.74万亿元。其中，沪深300股指期货成交748.68万手，成交金额7.83万亿元；上证50股指期货成交451.73万手，成交金额3.52万亿元；中证500股指期货成交434.02万手，成交金额4.39万亿元。国债期货成交1 086.57万手，成交金额10.38万亿元。其中，2年期国债期货成交3.41万手，成交金额0.07万亿元；5年期国债期货成交184.29万手，成交金额1.80万亿元；10年期国债期货成交898.87万手，成交金额8.52万亿元。

联系电话：021-50160666
传真：021-50160606
电子邮件：zixun@cffex.com.cn
网址：www.cffex.com.cn
地址：上海市浦东新区世纪大道1600号陆家嘴商务广场（200122）

中国证券登记结算有限责任公司

中国证券登记结算有限责任公司按照《证券法》关于证券登记结算集中统一运营的要求，经国务院同意、中国证监会批准，于2001年3月30日组建成立。中国结算为不以营利为目的的法人，归属中国证监会直接管理，是我国具有系统重要性的金融市场基础设施之一。

按照《证券法》和《证券登记结算管理办法》等规定，中国结算依法履行证券账户的设立和管理、证券集中登记、存管等职能，并为证券交易提供多边净额和全额等多种结算服务。截至2018年底，中国结算服务范围涵盖沪、深交易所与全国股转系统全部上市（挂牌）证券、股票期权、沪港通、深港通、陆港基金互认、开放式基金、资管产品、转融通、国债期货实物交割、债券跨市场转托管等广泛领域。

截至2018年12月31日，中国结算管理的一码通证券账户投资者数达14 650.44万人，登记存管的沪、深市场证券17 344只，其中上市股票3 669只，登记存管新三版挂牌股票10 905只。登记的资管产品5 396只、托管产品54只。2018年1—12月，中国结算的结算总额1 132.09万亿元，日均结算总额4.66万亿元，日均结算净额1 843.82亿元，日均过户5 094.51万笔，日均过户金额4.30万亿元。

联系电话：010-66210988
传真：010-66210938
电子邮箱：zbshi@chinaclear.com.cn
网址：www.chinaclear.cn
地址：北京市西城区太平桥大街17号（100033）

中国证券投资者保护基金有限责任公司

中国证券投资者保护基金有限责任公司成立于2005年8月30日，是由国务院出资设立，归口中国证监会管理的国有独资企业。

投保基金公司主要职责包括：筹集、管理和运作基金；监测证券公司风险，参与证券公司风险处置工作；证券公司被撤销、被关闭、破产，或被中国证监会实施行政接管、托管经营等强制性监管措施时，按照国家有关政策规定对债权人予以偿付；组织、参与被撤销、关闭或破产证券公司的清算工作；管理和处分受偿资产，维护基金权益；发现证券公司经营管理中出现可能危及投资者利益和证券市场安全的重大风险时，向中国证监会提出监管、处置建议；对证券公司运营中存在的风险隐患会同有关部门建立纠正机制；国务院批准的其他职责。

截至2018年底，投保基金公司注册资本63亿元，总资产为900.84亿元，净资产877.57亿元，累计筹集投保基金812.26亿元，累计拨付投保基金225.282亿元。证券市场交易结算资金监控系统对全市场经纪业务客户的2.42亿个资金账户的保证金实现全面动态监测。投保基金公司持续对103家开展经纪业务的证券公司及16家资管子公司开展常态化风险监测预警。

联系电话：010-66580711
传真：010-66580616
电子邮件：zhangli@sipf.com.cn
网址：www.sipf.com.cn
地址：北京市西城区金融大街5号新盛大厦（100033）

中国证券金融股份有限公司

中国证券金融股份有限公司成立于2011年10月28日，是经国务院同意、中国证监会批准设立的全国性证券类金融机构，是中国境内唯一从事转融通业务的金融机构。

中证金融公司主要职责包括：为证券公司融资融券业务提供资金和证券的转融通服务；对证券公司融资融券业务运行情况进行监控；监测分析全市场融资融券交易情况，运用市场化手段防控风险；对证券公司参与股票质押式回购交易实施信息统计和风险监测；开展证券投资基金托管业务；运用市场化手段促进资本市场平稳发展；开展民营企业债券融资支持工具框架下的交易所债券市场信用保护合约业务；经中国证监会批准同意的其他业务。

截至2018年12月31日，中证金融公司全年为证券公司融资融券业务提供资金和证券累计达到1 905.14亿元。转融通余额517.22亿元，其中转融资余额511.06亿元，转融券余额6.16亿元。开展融资融券业务的证券公司共94家，投资者数量478.56万人，沪深市场标的证券994只，融资融券余额7 557.8亿元。

联系电话：010-63211666
传真：010-63211601
电子邮件：csf@csf.com.cn
网址：www.csf.com.cn
地址：北京市西城区丰盛胡同28号太平洋保险大厦B座15层（100032）

中国期货市场监控中心有限责任公司

中国期货市场监控中心有限责任公司（简称期货市场监控中心）是经国务院同意、中国证监会决定设立，于2006年3月成立的非营利性公司制法人。其股东单位有上海期货交易所、中国金融期货交易所、郑州商品交易所以及大连商品交易所，注册资本13.65亿元。中国期货市场监控中心的业务接受中国证监会的指导、监督和管理。

期货市场监控中心主要职能包括：期货市场统一开户；期货保证金安全监控；为期货投资者提供交易结算信息查询；期货市场运行监测监控；宏观和产业分析研究；期货中介机构监测监控；期货投资者保障基金代管；商品及其他指数的编制、发布；为监管机构和期货交易所等提供信息服务；期货市场调查；协助风险公司处置。

截至2018年底，中国期货市场共上市交易57个期货品种，3个期货期权品种。2018年全年共成交30.11亿手，成交金额210.81万亿元。中国商品期货指数同比下跌6.93%，中国大宗商品综合指数同比下跌5.70%，中国农产品期货指数同比下跌9.17%，中国工业品期货指数同比下跌5.68%。

联系电话：010-6655088
传真：010-66555038
电子邮件：cfmmc@cfmmc.com
网址：www.cfmmc.com，www.cfmmc.cn
地址：北京市西城区金融大街5号新盛大厦B座17层（100033）

中证资本市场运行统计监测中心有限责任公司

中证资本市场运行统计监测中心有限责任公司成立于2012年9月12日，是由中国证监会直接管理的专业机构，致力于为中国证监会提供统计、市场监测、分析和信息服务，支持其监管决策和系统性风险防控。

中证监测主要职能包括：提供资本市场运行统计监测服务；对证券期货交易结算进行监测并提供相关支持服务；建设、运行、维护资本市场运行统计监测系统；评估证券期货市场系统性风险状况，配合处置风险事件；加工处理数据；统计咨询、统计调查与市场调查；证券市场分析与咨询；经中国证监会依法批准的其他业务。

违法违规线索发现，开展跨境、跨市场实时监测监控。

联系电话：010－63889001
传真：010－63889062
电子邮件：cmsmc@cmsmc.cn
网址：www.cmsmc.cn
地址：北京市西城区金融大街26号金阳大厦四楼南区（100033）

全国中小企业股份转让系统有限责任公司

全国中小企业股份转让系统（简称全国股转系统）是经国务院批准，依据证券法设立的第三家全国性证券交易场所。全国中小企业股份转让系统有限责任公司为其运营管理机构，于2012年9月20日在国家工商总局注册，2013年1月16日正式揭牌运营，注册资本30亿元，归属中国证监会直接管理。

全国股转公司主要职能包括：提供证券交易的技术系统和设施；制定和修改全国股转系统业务规则；接受并审查股票挂牌及其他相关业务申请，安排符合条件的公司股票挂牌；组织、监督证券交易及相关活动；对挂牌公司及其他信息披露义务人进行监管；对主办券商等全国股转系统参与人进行监管；管理和公布全国股转系统相关信息；中国证监会批准的其他职能。

截至2018年12月31日，全国股转系统挂牌公司10 691家，其中创新层挂牌公司914家，基础层挂牌公司9 777家；总市值3.45万亿元；总股本6 324.53亿股，流通股本3 564.27亿股。2018年，成交量为236.29亿股，成交金额888.01亿元，挂牌公司完成1 402次股票发行，募集资金604.43亿元。

联系电话：010－63884539
传真：010－63889634
电子邮件：info@neeq.com.cn
网址：www.neeq.com.cn
地址：北京市西城区金融大街丁26号金阳大厦（100033）

中国证券业协会

中国证券业协会成立于1991年8月28日，是依据《证券法》和《社会团体登记管理条例》有关规定设立的证券业自律性组织，属于非营利性社会团体法人，接受中国证监会和国家民政部的业务指导与监督管理。

证券业协会主要职责包括：在国家对证券业实行集中统一监督管理的前提下，进行证券业自律管理；发挥政府与证券行业间的桥梁和纽带作用；为会员服务，维护会员的合法权益；维护证券业的正当竞争秩序，促进证券市场的公开、公平、公正，推动证券市场的健康稳定发展。

截至2018年底，证券业协会共有会员441家，观察员780家。其中，会员包括：法定会员（证券公司）131家，普通会员（证券投资咨询公司、资信评级机构等）231家，特别会员（地方证券业协会等）79家。

联系电话：010－66575800
传真：010－66575827
电子邮件：bgs@sac.net.cn
网址：www.sac.net.cn
地址：北京市西城区金融大街19号富凯大厦B座二层（100033）

中国期货业协会

中国期货业协会成立于2000年12月29日，是根据《社会团体登记管理条例》和《期货交易管理条例》成立的全国期货业自律性组织，为非营利性社会团体法人，接受业务主管单位中国证监会和社团登记管理机关国家民政部的业务指导和监督管理。

期货业协会以"自律、服务、传导"为基本宗旨，主要职责包括：在国家对期货业实行集中统一监督管理的前提下，进行期货业自律管理；发挥政府与期货业间的桥梁和纽带作用，为会员服务，维护会员的合法权益；坚持期货市场的公开、公平、公正，维护期货业的正当竞争秩序，保护投资者利益，推动期货市场的规范发展。

截至2018年底，期货业协会共有会员406家，其中，普通会员326家（期货公司、证券公司、资产管理公司等），特别会员（期货交易所、中国期货市场监控中心）5家，联系会员（地方协会等）75家。

联系电话：010-88086106
传真：010-88087060
电子邮件：cfa@cfachina.org
网址：www.cfachina.org
地址：北京市西城区金融大街33号通泰大厦C座8层（100140）

中国上市公司协会

中国上市公司协会成立于2012年2月15日，依据《中华人民共和国证券法》和《社会团体登记管理条例》等相关规定成立，由上市公司及相关机构组成的全国性自律组织，属于会员制、非营利性的社会团体法人。中国证监会为其业务主管单位。

上市公司协会的宗旨是：遵守宪法、法律、法规及党和国家的方针政策，遵守社会道德风尚；遵循资本市场公开、公平、公正原则；恪守"服务、自律、规范、提高"的基本职责，践行服务理念，维护会员合法权益，促进提高上市公司质量，进而促进资本市场体系的完善和成熟；引导上市公司遵守公司、证券法律法规以及部门规章和规范性文件，规范运作，自觉履行社会责任；倡导积极健康的股权文化和诚信文化；推动上市公司持续健康发展，增强核心竞争力和国际影响力，成为党领导下紧密联系上市公司及资本市场的新型社会组织。

截至2018年底，上市公司协会共有注册会员2 148家。其中，普通会员2 094家，联系会员19家，团体会员35家。

联系电话：010-88009677（办公室）
　　　　　010-88009680（会员服务）；
传真：010-88009684/88009694
电子邮件：office@capco.org.cn；pr@capco.org.cn
网址：www.capco.org.cn
地址：北京市西城区金融大街33号通泰大厦C座3层（100033）

中国证券投资基金业协会

中国证券投资基金业协会成立于2012年6月6日，是依据《中华人民共和国证券投资基金法》和《社会团体登记管理条例》，经国务院批准，在国家民政部登记的社会团体法人，是证券投资基金行业的自律性组织，接受中国证监会和国家民政部的业务指导和监督管理。根据《中华人民共和国证券投资基金法》，基金管理人、基金托管人应当加入协会，基金服务机构可以加入协会。

基金业协会主要职责包括：教育和组织会员遵守有关证券投资的法律、行政法规，维护投资人合法权益；依法维护会员的合法权益，反映会员的建议和要求；制定和实施行业自律规则，监督、检查会员及其从业人员的执业行为，对违反自律规则和协会章程的，按照规定给予纪律处分；制定行业执业标准和业务规范，组织基金从业人员的从业考试、资质管理和业务培训；提供会员服务，组织行业交流，推动行业创新，开展行业宣传和投资人教育活动；对会员之间、会员与客户之间发生的基金业务纠纷进行调解；依法办理非公开募集基金的登记、备案；协会章程规定的其他职责。

截至2018年12月31日，中国证券投资基金业协会共有会员4 415家。其中，普通会员629家，联席会员297家，观察会员3 371家，特别会员118家。

基金业协会自律管理范围下的行业资产规模50.54万亿元[①]。其中，公募基金13.03万亿元，私募投资基金规模12.78万亿元，基金公司及其子公司专户产品11.36万亿元，证券公司资产管理产品13.44万亿元，期货公司资产管理产品0.12万亿元。

联系电话：010-66578250
传真：010-66578256
电子邮件：amac@amac.org.cn
网址：www.amac.org.cn
地址：北京市西城区金融街20号交通银行大厦B座9层（100033）

中证金融研究院

中证金融研究院（简称研究院）前身为北京证券期货研究院，成立于2012年6月，是中国证监会直接管理的政策研究机构。研究院定位为决策支持中心、战略智库和理论学术基地，负责资本市场长期性、前瞻性、全局性和规律性问题的研究。

中证金融研究院主要职责包括：研究宏观经济和金融市场运行动态；研究资本市场中长期战略规划；对资本市场法规、政策提供意见和建议；对资本市场运行质量、效率和潜在风险进行评估；对证券监管理论和实践问题进行专项研究；为中国证监会各部门、各单位提供专题咨询等；协调证券期货监管系统内的研究工作；承担中国证监会博士后工作站日常管理；中国证监会交办的其他工作。

联系电话：010-85578300
传真：010-56088548
电子邮箱：contact@cifcm.com
网址：www.cifcm.cn
地址：北京市西城区金融大街26号金阳大厦8层（100033）

中证信息技术服务有限责任公司

中证信息技术服务有限责任公司（简称中证信息）成立于2013年11月8日，是中国证监会直接管理专事信息技术服务的机构。

中证信息的主要职责是为资本市场提供基础性信息与技术服务，包括：电子化信息披露服务、证联网运行管理、监管信息系统建设与运维、信息安全服务、行业编码和标准服务、会管单位信息技术采购服务、行业技术研究和交流、行业数据中心管理等。

联系电话：010-83141900
传真：010-83141991
电子邮箱：zbs@csits.org.cn
地址：北京市西城区金融大街4号金益大厦3层

中证中小投资者服务中心有限责任公司

中证中小投资者服务中心有限责任公司（简称投服中心）是于2014年12月成立的证券金融类公益机构，归属中国证监会直接管理。

投服中心的主要职责包括：面向投资者开展公益性宣传和教育；公益性持有证券等品种，以股东身份或证券持有人身份行权；受投资者委托，提供调解等纠纷解决服务；为投资者提供公益性诉讼支持及其相关工作；中国投资者网站的建设、管理和运行维护；调查、监测投资者意愿和诉求，开展战略研究与规划；代表投资者向政府机构、监管部门反映诉求；中国证监会委托的其他业务。

[①] 合计过程从私募基金中剔除了顾问管理类与持牌机构资管计划重复的部分。

2018年，投服中心持有沪深交易所3 561只上市公司股票，累计行权1 321次（场）；受理各类证券期货纠纷1 793起，调解成功1 711起，纠纷和解获赔金额5.14亿元；推进全国性调解机构建设，开展网上调解；提起7起支持诉讼，向侵权责任主体索赔6 000余万元；稳步推进证券支持诉讼示范判决机制试点工作；开发损失计算软件系统。2018年，投服中心正式上线运行中国投资者网，累计发布信息11 478篇，访客数（UV）20.22万人，访问量（PV）62.95万次；创办"股东来了"投资者权益知识竞赛与中小投资者服务论坛两大新品牌。

联系电话：021-50496312
传真：021-50496325
电子邮件：tfzx@isc.com.cn
地址：上海市浦东新区迎春路555号B座（200135）

资本市场学院

资本市场学院（以下简称学院）成立于2012年12月3日，是由中国证监会和深圳市政府联合举办的非营利性教育培训机构。

学院主要职能包括：资本市场专业培训和职业教育；资本市场应用型研究；资本市场监管系统培训支持服务；境内外培训交流合作；其他与资本市场培训相关的业务。

2018年，学院紧紧围绕中国资本市场稳定发展和改革开放的需要，累计举办各类型培训班69场，开设的重点培训项目和课程涵盖上市公司财务会计、资本运营与并购重组、金融衍生品及风险管理、金融科技、市场监管、资本市场与区域经济发展等多个领域，参训学员12 500余人次，培训对象覆盖证监会系统、各类市场主体、地方政府及境外市场，基本实现了对资本市场主要参与主体的全覆盖。

联系电话：0755-26650859
传真：0755-26650835
电子邮件：ccmi@ccmi.edu.cn
网址：www.ccmi.edu.cn
地址：深圳市南山区沁园二路2号（518055）

附表

附表 1　中国证券期货市场主要统计数据（2009-2018 年）

附表 2　证券公司一览表

附表 3　基金公司一览表

附表 4　期货公司一览表

附表 5　合格境外机构投资者一览表

附表 6　合格境外机构投资者托管银行一览表

附表 7　人民币合格境外机构投资者一览表

附表 8　境外证券类机构驻华代表处一览表

附表 9　境外交易所驻华代表处一览表

附表 10　双边监管合作谅解备忘录一览表

附表1

中国证券期货市场主要统计数据（2009—2018年）

指标	单位	2009年	2010年	2011年	2012年	2013年	2014年	2015年	2016年	2017年	2018年
境内上市公司数（A、B股）	家	1 718	2 063	2 342	2 494	2 489	2 613	2 827	3 052	3 485	3 584
境内上市外资股（B股）	家	108	108	108	107	106	104	101	100	100	99
股票总发行股本（A、B股）	亿股	20 606.26	26 984.49	29 745.11	31 833.62	33 822.04	36 795.1	43 024.14	48 750.29	53 746.67	57 581.02
流通股本（A、B股）	亿股	14 200.19	19 442.15	22 499.86	24 778.22	29 997.12	32 289.25	37 043.37	41 136.05	45 044.87	49 047.56
股票市价总值（A、B股）	亿元	244 103.91	265 422.59	214 758.09	230 357.62	239 077.19	372 546.96	531 462.7	507 685.88	567 086.08	434 924.02
股票流通市值（A、B股）	亿元	151 342.07	193 110.41	164 921.30	181 658.26	199 579.54	315 624.31	417 880.76	393 401.68	449 298.15	353 794.19
股票成交金额	亿元	535 986.77	545 633.54	421 644.58	314 583.27	468 728.61	742 385.26	2 550 541.31	1 277 680.32	1 124 625.11	901 739.39
上证综合指数（收盘）	点	3 277.13	2 808.07	2 199.42	2 269.13	2 115.98	3 234.68	3 539.18	3 103.64	3 307.17	2 493.90
深证综合指数（收盘）	点	1 201.34	1 290.86	866.65	881.17	1 057.67	1 415.19	2 308.91	1 969.11	1 899.34	1 267.87
交易所债券现券成交额	亿元	4 698.08	5 847.54	6 843.93	9 882.53	17 411.83	28 191.38	34 464.32	53 294.20	55 441.79	59 286.81
证券投资基金只数	只	547	704	914	1 173	1 551	1 899	2 723	3 873	4 848	5 792
证券投资基金规模	亿份	23 518.55	23 955.33	26 510.37	31 708.41	31 167.18	42 032.72	76 674.13	88 428.32	110 182.12	128 966.33
证券投资基金成交金额	亿元	10 340.02	8 996.44	6 365.81	8 123.61	14 785.47	47 230.89	152 684.59	111 444.32	98 051.89	102 704.60
期货总成交量	万手	107 871.49	156 676.46	105 408.87	145 046.24	206 177.33	250 585.57	357 791.06	413 776.83	307 102.17	301 069.67
期货总成交额	亿元	652 553.80	1 134 883.54	937 475.68	952 824.54	1 264 673.31	1 279 712.53	1 364 707.05	1 774 124.99	1 633 003.86	2 108 057.48

附表2　　证券公司一览表

序号	公司名称	年度评级	外资参股情况 境外股东名称	出资比例	是否在香港地区设立分支机构
1	爱建证券有限责任公司	CC			否
2	安信证券股份有限公司	A			是
3	北京高华证券有限责任公司	A			否
4	渤海证券股份有限公司	BBB			否
5	财达证券股份有限公司	BBB			否
6	财富证券有限责任公司	BBB			否
7	财通证券股份有限公司	A			是
8	财通证券资产管理有限公司	A			否
9	长城国瑞证券有限公司	BB			否
10	长城证券股份有限公司	A			否
11	长江证券（上海）资产管理有限公司	BBB			否
12	长江证券承销保荐有限公司	BBB			否
13	长江证券股份有限公司	BBB			是
14	网信证券股份有限公司	CCC			否
15	川财证券有限责任公司	B			否
16	大通证券股份有限公司	BBB			否
17	大同证券有限责任公司	BB			否
18	德邦证券股份有限公司	BBB			否
19	第一创业证券承销保荐有限责任公司	BBB			否
20	第一创业证券股份有限公司	BBB			否
21	东北证券股份有限公司	BBB			否
22	东方花旗证券有限公司	AA	花旗环球金融亚洲有限公司	33.33%	否
23	东方证券股份有限公司	AA			是

续表

序号	公司名称	年度评级	外资参股情况 境外股东名称	出资比例	是否在香港地区设立分支机构
24	东海证券股份有限公司	BBB			是
25	东莞证券股份有限公司	A			否
26	东吴证券股份有限公司	A			是
27	东兴证券股份有限公司	A			是
28	方正证券股份有限公司	A			是
29	高盛高华证券有限责任公司	A	高盛（亚洲）有限公司		否
30	光大证券股份有限公司	A	中国光大控股有限公司	23.30%	是
31	广发证券股份有限公司	AA			是
32	广发证券资产管理（广东）有限公司	AA			否
33	广州证券股份有限公司	BBB			否
34	国都证券股份有限公司	BBB			是
35	国海证券股份有限公司	B			否
36	国金证券股份有限公司	A			是
37	国开证券股份有限公司	A			否
38	国联证券股份有限公司	A			否
39	国盛证券有限责任公司	BB			否
40	国泰君安证券股份有限公司	AA			是
41	国信证券股份有限公司	A			是
42	国元证券股份有限公司	BBB			是
43	中天国富证券有限公司	BBB			否
44	海通证券股份有限公司	AA			是
45	恒泰长财证券有限责任公司	BB			否
46	恒泰证券股份有限公司	BB			否
47	红塔证券股份有限公司	A			否
48	宏信证券有限责任公司	BB			否
49	华安证券股份有限公司	A			否

续表

序号	公司名称	年度评级	外资参股情况 境外股东名称	出资比例	是否在香港地区设立分支机构
50	华宝证券有限责任公司	A			否
51	华创证券有限责任公司	A			否
52	华福证券有限责任公司	A			否
53	华金证券股份有限公司	BBB			否
54	华林证券股份有限公司	BB			否
55	华龙证券股份有限公司	BBB			否
56	华融证券股份有限公司	BBB			否
57	华泰联合证券有限责任公司	AA			是
58	华泰证券（上海）资产管理有限公司	AA			否
59	华泰证券股份有限公司	AA			是
60	华西证券股份有限公司	A			否
61	华鑫证券有限责任公司	BB			否
62	华英证券有限责任公司	A			否
63	江海证券有限公司	A			否
64	金通证券有限责任公司	AA			否
65	金元证券股份有限公司	BBB			否
66	九州证券股份有限公司	CC			否
67	开源证券股份有限公司	BB			否
68	联讯证券股份有限公司	CCC			否
69	民生证券股份有限公司	BBB			否
70	摩根士丹利华鑫证券有限责任公司	BB	摩根士丹利（亚洲）有限公司	49.00%	否
71	南京证券股份有限公司	A			否
72	平安证券股份有限公司	AA			是
73	中泰证券（上海）资产管理有限公司	BBB			否
74	中泰证券股份有限公司	BBB			是

续表

序号	公司名称	年度评级	外资参股情况		是否在香港地区设立分支机构
			境外股东名称	出资比例	
75	国泰证券股份有限公司	BBB			否
76	瑞信方正证券有限责任公司	A	瑞士信贷银行股份有限公司	33.30%	否
77	瑞银证券有限责任公司	BBB	瑞士银行有限公司	51%	否
78	山西证券股份有限公司	B			是
79	上海东方证券资产管理有限公司	AA			否
80	上海光大证券资产管理有限公司	A			否
81	上海国泰君安证券资产管理有限公司	AA			否
82	上海海通证券资产管理有限公司	AA			否
83	上海华信证券有限责任公司	D			否
84	上海证券有限责任公司	AA			否
85	申万宏源西部证券股份有限公司	AA			否
86	申万宏源证券承销保荐有限责任公司	AA			否
87	申万宏源证券有限公司	AA			是
88	世纪证券有限责任公司	C			否
89	首创证券有限责任公司	BB			否
90	太平洋证券股份有限公司	BB			否
91	天风证券股份有限公司	A			是
92	万和证券股份有限公司	BB			否
93	万联证券股份有限公司	BBB			否
94	五矿证券有限公司	BBB			否
95	西部证券股份有限公司	BB			否
96	西藏东方财富证券股份有限公司	A			否

续表

序号	公司名称	年度评级	外资参股情况 境外股东名称	出资比例	是否在香港地区设立分支机构
97	西南证券股份有限公司	BBB			是
98	湘财证券股份有限公司	A			否
99	新时代证券股份有限公司	C			否
100	信达证券股份有限公司	BBB			否
101	兴业证券股份有限公司	A			是
102	兴证证券资产管理有限公司	A			否
103	银河金汇证券资产管理有限公司	AA			否
104	银泰证券有限责任公司	BBB			否
105	英大证券有限责任公司	BB			否
106	招商证券股份有限公司	AA			否
107	招商证券资产管理有限公司	AA			是
108	浙江浙商证券资产管理有限公司	A			否
109	浙商证券股份有限公司	A			否
110	中德证券有限责任公司	A	德意志银行股份有限公司	33.30%	否
111	中国国际金融股份有限公司	AA	公众股东、新加坡政府投资公司、TPG Asia V Delaware, L.P.、KKR Institutions Investments L.P、名力集团控股有限公司	41.21%	是
112	中国民族证券有限责任公司	A			否
113	中国银河证券股份有限公司	AA			是
114	中国中投证券有限责任公司	AA			是
115	中航证券有限公司	BBB			否
116	中山证券有限责任公司	CCC			否
117	中天证券股份有限公司	BB			否
118	中信建投证券股份有限公司	AA			是
119	中信证券（山东）有限责任公司	AA			否

续表

序号	公司名称	年度评级	外资参股情况 境外股东名称	出资比例	是否在香港地区设立分支机构
120	中信证券股份有限公司	AA			是
121	中银国际证券有限责任公司	A	中银国际控股有限公司	37.14%	否
122	中邮证券有限责任公司	BBB			否
123	中原证券股份有限公司	C			是
124	联储证券有限责任公司	BB			否
125	国盛证券资产管理有限公司	BB			否
126	东证融汇证券资产管理有限公司	BBB			否
127	渤海汇金证券资产管理有限公司	BBB			否
128	申港证券股份有限公司	BBB	民信金控有限公司、民众证券有限公司、嘉泰新兴资本管理有限公司	34.85%	否
129	华菁证券有限公司	B	万诚证券有限公司	48.82%	否
130	汇丰前海证券有限责任公司	B	香港上海汇丰银行有限公司	51.00%	否
131	东亚前海证券有限责任公司	B	东亚银行有限公司	49.00%	否

附表3　　基金公司一览表

序号	公司名称	外资参股情况		是否在香港地区设立分支机构
		境外股东名称	出资比例	
1	国泰基金管理有限公司	意大利忠利集团	30%	是
2	南方基金管理有限公司			是
3	华夏基金管理有限公司	加拿大鲍尔公司、万信投资公司	27.80%	是
4	华安基金管理有限公司			是
5	博时基金管理有限公司			是
6	鹏华基金管理有限公司	意大利欧利盛资本资产管理股份公司	49.00%	否
7	长盛基金管理有限公司	新加坡星展银行有限公司	33.00%	是
8	嘉实基金管理有限公司	德意志资产管理（亚洲）公司（新加坡注册）	30.00%	是
9	大成基金管理有限公司			是
10	富国基金管理有限公司	加拿大蒙特利尔银行	27.775%	是
11	易方达基金管理有限公司			是
12	宝盈基金管理有限公司			否
13	融通基金管理有限公司	日兴资产管理公司	40.00%	是
14	银华基金管理股份有限公司			是
15	长城基金管理有限公司			否
16	银河基金管理有限公司			否
17	泰达宏利基金管理有限公司	宏利资产管理（香港）有限公司	49.00%	否
18	国投瑞银基金管理有限公司	瑞士银行股份有限公司	49.00%	是
19	万家基金管理有限公司			否
20	金鹰基金管理有限公司			否
21	招商基金管理有限公司			是
22	华宝基金管理有限公司	华平资产管理合伙	49.00%	是
23	摩根士丹利华鑫基金管理有限公司	摩根士丹利国际控股公司	37.363%	否

续表

序号	公司名称	外资参股情况		是否在香港地区设立分支机构
		境外股东名称	出资比例	
24	国联安基金管理有限公司	德国安联集团	49.00%	否
25	海富通基金管理有限公司	法国巴黎投资管理BE控股公司	49.00%	是
26	长信基金管理有限责任公司			否
27	泰信基金管理有限公司			否
28	天治基金管理有限公司			否
29	景顺长城基金管理有限公司	美国景顺资产管理公司（英国注册）	49.00%	否
30	广发基金管理有限公司			是
31	兴全基金管理有限公司	荷兰全球人寿保险国际公司	49.00%	否
32	诺安基金管理有限公司			是
33	申万菱信基金管理有限公司	三菱UFJ信托银行株式会社	33.00%	否
34	中海基金管理有限公司	法国爱德蒙得洛希尔银行股份有限公司	25.00%	否
35	光大保德信基金管理有限公司	保德信投资管理有限公司	45.00%	否
36	华富基金管理有限公司			否
37	上投摩根基金管理有限公司	摩根富林明资产管理有限公司	49.00%	是
38	东方基金管理有限责任公司			否
39	中银基金管理有限公司	贝莱德投资管理（英国）有限公司	16.50%	否
40	东吴基金管理有限公司			否
41	国海富兰克林基金管理有限公司	美国坦伯顿国际股份有限公司	49.00%	否
42	天弘基金管理有限公司			否
43	华泰柏瑞基金管理有限公司	柏瑞投资有限责任公司	49.00%	否
44	新华基金管理股份有限公司			否
45	汇添富基金管理有限公司			是
46	工银瑞信基金管理有限公司	瑞士信贷银行股份有限公司	20.00%	是
47	交银施罗德基金管理有限公司	施罗德投资管理公司	30.00%	是
48	中信保诚基金管理有限公司	英国保诚集团股份有限公司	49.00%	否
49	建信基金管理有限责任公司	美国信安金融服务公司	25.00%	否
50	华商基金管理有限公司			否

续表

序号	公司名称	外资参股情况		是否在香港地区设立分支机构
		境外股东名称	出资比例	
51	汇丰晋信基金管理有限公司	汇丰环球投资管理（英国）有限公司	49.00%	否
52	益民基金管理有限公司			否
53	中邮创业基金管理股份有限公司	三井住友银行股份有限公司	24.00%	是
54	信达澳银基金管理有限公司	康联首域集团有限公司	46.00%	否
55	诺德基金管理有限公司			否
56	中欧基金管理有限公司	意大利意联银行股份合作公司	25.00%	否
57	金元顺安基金管理有限公司			否
58	浦银安盛基金管理有限公司	法国安盛投资管理公司	39.00%	否
59	农银汇理基金管理有限公司	东方汇理资产管理公司	33.33%	否
60	民生加银基金管理有限公司	加拿大皇家银行	30.00%	否
61	西部利得基金管理有限公司			否
62	浙商基金管理有限公司			否
63	平安基金管理有限公司	大华资产管理有限公司	25.00%	否
64	富安达基金管理有限公司			否
65	财通基金管理有限公司			否
66	方正富邦基金管理有限公司	富邦证券投资信托股份有限公司	33.33%	否
67	长安基金管理有限公司			否
68	国金基金管理有限公司			否
69	安信基金管理有限责任公司			否
70	德邦基金管理有限公司			否
71	华宸未来基金管理有限公司	未来资产基金管理公司	25.00%	否
72	红塔红土基金管理有限公司			否
73	英大基金管理有限公司			否
74	江信基金管理有限公司			否
75	太平基金管理有限公司	安石投资管理有限公司	8.50%	否
76	华润元大基金管理有限公司	元大宝来证券投资信托股份有限公司	49.00%	否
77	前海开源基金管理有限公司			否

续表

序号	公司名称	外资参股情况		是否在香港地区设立分支机构
		境外股东名称	出资比例	
78	东海基金管理有限责任公司			否
79	中加基金管理有限公司	加拿大丰业银行	33.00%	是
80	兴业基金管理有限公司			否
81	中融基金管理有限公司			否
82	国开泰富基金管理有限责任公司	国泰证券投资信托股份有限公司	33.30%	否
83	中信建投基金管理有限公司			否
84	上银基金管理有限公司			否
85	鑫元基金管理有限公司			否
86	永赢基金管理有限公司	利安资金管理公司	28.51%	否
87	兴银基金管理有限责任公司			否
88	国寿安保基金管理有限公司	安保资本投资有限公司	14.97%	否
89	圆信永丰基金管理有限公司	永丰证券投资信托股份有限公司	49.00%	否
90	中金基金管理有限公司			否
91	北信瑞丰基金管理有限公司			否
92	红土创新基金管理有限公司			否
93	嘉合基金管理有限公司			否
94	创金合信基金管理有限公司			否
95	九泰基金管理有限公司			否
96	泓德基金管理有限公司			否
97	金信基金管理有限公司			否
98	新疆前海联合基金管理有限公司			否
99	新沃基金管理有限公司			否
100	中科沃土基金管理有限公司			否
101	富荣基金管理有限公司			否
102	汇安基金管理有限责任公司			否
103	先锋基金管理有限公司			否
104	中航基金管理有限公司			否

续表

序号	公司名称	外资参股情况		是否在香港地区设立分支机构
		境外股东名称	出资比例	
105	华泰保兴基金管理有限公司			否
106	鹏扬基金管理有限公司			否
107	恒生前海基金管理有限公司	恒生银行有限公司	70.00%	否
108	格林基金管理有限公司			否
109	南华基金管理有限公司			否
110	凯石基金管理有限公司			否
111	国融基金管理有限公司			否
112	东方阿尔法基金管理有限公司			否
113	恒越基金管理有限公司			否
114	弘毅远方基金管理有限公司			否
115	合煦智远基金管理有限公司			否
116	博道基金管理有限公司			否
117	蜂巢基金管理有限公司			否
118	中庚基金管理有限公司			否
119	湘财基金管理有限公司			否
120	睿远基金管理有限公司			否

附表4　　期货公司一览表

序号	公司名称	年度评级	外资参股情况		是否在香港地区设立分支机构
			境外股东名称	出资比例	
1	安粮期货股份有限公司	BB			否
2	宝城期货有限责任公司	BBB			否
3	北京首创期货有限责任公司	BBB			否
4	倍特期货有限公司	BBB			否
5	渤海期货股份有限公司	BBB			否
6	财达期货有限公司	B			否
7	长安期货有限公司	BBB			否
8	长城期货股份有限公司	B			否
9	长江期货股份有限公司	A			否
10	创元期货股份有限公司	BBB			否
11	大地期货有限公司	BBB			是
12	大连良运期货经纪有限公司	B			否
13	大通期货经纪有限公司	D			否
14	大有期货有限公司	BBB			是
15	大越期货股份有限公司	BBB			否
16	道通期货经纪有限公司	BB			否
17	德盛期货有限公司	B			否
18	第一创业期货有限责任公司	B			否
19	东方汇金期货有限公司	CCC			否
20	东海期货有限责任公司	A			否
21	东航期货有限公司	A			否
22	东吴期货有限公司	BBB			否
23	东兴期货有限责任公司	BBB			否
24	方正中期期货有限公司	AA			否
25	福能期货股份有限公司	BBB			否

续表

序号	公司名称	年度评级	外资参股情况		是否在香港地区设立分支机构
			境外股东名称	出资比例	
26	格林大华期货有限公司	A			否
27	冠通期货股份有限公司	BB			否
28	光大期货有限公司	AA			否
29	广发期货有限公司	AA			是
30	广州金控期货有限公司	BBB			否
31	广州期货股份有限公司	BBB			否
32	国都期货有限公司	B			否
33	国富期货有限公司	BB			否
34	国海良时期货有限公司	A			否
35	国金期货有限责任公司	BB			否
36	国联期货股份有限公司	BBB			否
37	国贸期货有限公司	CC			是
38	国盛期货有限责任公司	B			否
39	国泰君安期货有限公司	AA			否
40	国投安信期货有限公司	AA			否
41	国信期货有限责任公司	AA			否
42	国元期货有限公司	BBB			否
43	海航期货股份有限公司	BBB			否
44	海通期货股份有限公司	AA			是
45	海证期货有限公司	B			否
46	和合期货有限公司	D			否
47	和融期货有限责任公司	B			否
48	河北恒银期货经纪有限公司	B			否
49	恒泰期货股份有限公司	CCC			否
50	弘业期货股份有限公司	A			是
51	红塔期货有限责任公司	BBB			否
52	宏源期货有限公司	A			否
53	华安期货有限责任公司	BBB			否

续表

序号	公司名称	年度评级	外资参股情况		是否在香港地区设立分支机构
			境外股东名称	出资比例	
54	华创期货有限责任公司	BBB			否
55	华金期货有限公司	BB			否
56	华联期货有限公司	BB			否
57	华龙期货股份有限公司	BBB			否
58	华融期货有限责任公司	B			否
59	华泰期货有限公司	AA			是
60	华闻期货有限公司	BB			否
61	华西期货有限责任公司	BBB			否
62	华鑫期货有限公司	B			否
63	华信期货股份有限公司	CC			否
64	徽商期货有限责任公司	A			是
65	混沌天成期货股份有限公司	BB			是
66	建信期货有限责任公司	A			否
67	江海汇鑫期货有限公司	B			否
68	江苏东华期货有限公司	CCC			否
69	江西瑞奇期货有限公司	BB			否
70	金鹏期货经纪有限公司	BBB			否
71	金瑞期货股份有限公司	A			是
72	金石期货有限公司	BB			否
73	金信期货有限公司	CCC			否
74	金元期货股份有限公司	BBB			否
75	津投期货经纪有限公司	B			否
76	锦泰期货有限公司	BBB			否
77	九州期货有限公司	BBB			否
78	鲁证期货股份有限公司	AA			否
79	迈科期货股份有限公司	BBB			否
80	美尔雅期货有限公司	BBB			否
81	民生期货有限公司	B			否

续表

序号	公司名称	年度评级	外资参股情况		是否在香港地区设立分支机构
			境外股东名称	出资比例	
82	摩根大通期货有限公司	BB			否
83	南华期货股份有限公司	AA	摩根大通经纪（香港）有限公司	49.00%	是
84	宁证期货有限责任公司	B			否
85	平安期货有限公司	BBB			否
86	前海期货有限公司	CCC			否
87	乾坤期货有限公司	B			否
88	瑞达期货股份有限公司	A			是
89	瑞银期货有限责任公司	B			否
90	山金期货有限公司	BB			否
91	山西三立期货经纪有限公司	B			否
92	上海大陆期货有限公司	CCC			否
93	上海东方财富期货有限公司	BB			否
94	上海东方期货经纪有限责任公司	B			否
95	上海东亚期货有限公司	CC			否
96	上海东证期货有限公司	AA			否
97	上海浙石期货经纪有限公司	BB			否
98	上海中期期货股份有限公司	BBB			否
99	申银万国期货有限公司	AA			否
100	深圳金汇期货经纪有限公司	B			否
101	先锋期货有限公司	CCC			否
102	神华期货有限公司	CCC			否
103	晟鑫期货经纪有限公司	B			否
104	盛达期货有限公司	B			否
105	首创京都期货有限公司	BB			否
106	天风期货股份有限公司	BB			否
107	天富期货有限公司	CCC			否
108	天鸿期货经纪有限公司	B			否

续表

序号	公司名称	年度评级	外资参股情况 境外股东名称	出资比例	是否在香港地区设立分支机构
109	通惠期货有限公司	B			否
110	铜冠金源期货有限公司	BBB			否
111	五矿经易期货有限公司	A			是
112	西部期货有限公司	BBB			否
113	西南期货有限公司	BBB			否
114	新湖期货有限公司	A			是
115	新纪元期货股份有限公司	BBB			否
116	新疆天利期货经纪有限公司	B			否
117	新晟期货有限公司	B			否
118	鑫鼎盛期货有限公司	CCC			否
119	信达期货有限公司	A			否
120	兴业期货有限公司	BB			否
121	兴证期货有限公司	A			否
122	一德期货有限公司	A			否
123	银河期货有限公司	AA	苏皇金融期货亚洲有限公司		否
124	英大期货有限公司	BBB		16.68%	否
125	永安期货股份有限公司	AA			是
126	永商期货有限公司	B			否
127	云晨期货有限责任公司	B			否
128	招金期货有限公司	B			否
129	招商期货有限公司	AA			否
130	浙江新世纪期货有限公司	BB			否
131	浙商期货有限公司	AA			是
132	中财期货有限公司	BBB			否
133	中大期货有限公司	BBB			是
134	中电投先融期货股份有限公司	CC			否
135	中钢期货有限公司	BBB			否

续表

序号	公司名称	年度评级	外资参股情况		是否在香港地区设立分支机构
			境外股东名称	出资比例	
136	中国国际期货股份有限公司	A			是
137	中航期货有限公司	BB			否
138	中辉期货有限公司	BBB			否
139	中金期货有限公司	A			否
140	中粮期货有限公司	AA			是
141	中融汇信期货有限公司	CCC			否
142	中天期货有限责任公司	B			否
143	中投天琪期货有限公司	BBB			否
144	中信建投期货有限公司	AA			否
145	中信期货有限公司	AA			是
146	中衍期货有限公司	CC			否
147	中银国际期货有限责任公司	BBB			否
148	中原期货股份有限公司	BBB			否
149	中州期货有限公司	B			否

附表5　　合格境外机构投资者一览表

序号	中文名称	国别/地区	托管行	批准日期
1	瑞士银行	瑞士	花旗银行	2003-5-23
2	野村证券株式会社	日本	农业银行	2003-5-23
3	摩根士丹利国际股份有限公司	英国	汇丰银行	2003-6-5
4	花旗环球金融有限公司	英国	德意志银行	2003-6-5
5	高盛公司	美国	汇丰银行	2003-7-4
6	德意志银行	德国	花旗银行	2003-7-30
7	香港上海汇丰银行有限公司	中国香港	建设银行	2003-8-4
8	荷兰安智银行股份有限公司	荷兰	渣打银行	2003-9-10
9	摩根大通银行	美国	汇丰银行	2003-9-30
10	瑞士信贷（香港）有限公司	中国香港	工商银行	2003-10-24
11	渣打银行（香港）有限公司	中国香港	中国银行	2003-12-11
12	日兴资产管理有限公司	日本	交通银行	2003-12-11
13	美林国际	英国	汇丰银行	2004-4-30
14	恒生银行有限公司	中国香港	建设银行	2004-5-10
15	大和证券株式会社	日本	工商银行	2004-5-10
16	比尔及梅林达盖茨信托基金会	美国	汇丰银行	2004-7-19
17	景顺资产管理有限公司	英国	中国银行	2004-8-4
18	法国兴业银行	法国	汇丰银行	2004-9-2
19	巴克莱银行	英国	渣打银行	2004-9-15
20	德国商业银行	德国	工商银行	2004-9-27
21	法国巴黎银行	法国	工商银行	2004-9-29
22	加拿大鲍尔公司	加拿大	建设银行	2004-10-15
23	东方汇理银行	法国	汇丰银行	2004-10-15
24	高盛国际资产管理公司	英国	汇丰银行	2005-5-9
25	马丁可利投资管理有限公司	英国	花旗银行	2005-10-25
26	新加坡政府投资有限公司	新加坡	渣打银行	2005-10-25

续表

序号	中文名称	国别／地区	托管行	批准日期
27	柏瑞投资有限责任公司	美国	中国银行	2005-11-14
28	淡马锡富敦投资有限公司	新加坡	汇丰银行	2005-11-15
29	JF 资产管理有限公司	中国香港	建设银行	2005-12-28
30	日本第一生命保险株式会社	日本	中国银行	2005-12-28
31	星展银行有限公司	新加坡	农业银行	2006-2-13
32	安保资本投资有限公司	澳大利亚	建设银行	2006-4-10
33	加拿大丰业银行	加拿大	中国银行	2006-4-10
34	比联金融产品英国有限公司	英国	花旗银行	2006-4-10
35	爱德蒙得洛希尔（法国）	法国	中国银行	2006-4-10
36	耶鲁大学	美国	汇丰银行	2006-4-14
37	摩根士丹利投资管理公司	美国	汇丰银行	2006-7-7
38	瀚亚投资（香港）有限公司	中国香港	农业银行	2006-7-7
39	斯坦福大学	美国	汇丰银行	2006-8-5
40	大华银行有限公司	新加坡	工商银行	2006-8-5
41	施罗德投资管理有限公司	英国	交通银行	2006-8-29
42	汇丰环球投资管理（香港）有限公司	中国香港	交通银行	2006-9-5
43	瑞穗证券株式会社	日本	建设银行	2006-9-5
44	瑞银资产管理（新加坡）有限公司	新加坡	花旗银行	2006-9-25
45	三井住友资产管理株式会社	日本	花旗银行	2006-9-25
46	挪威中央银行	挪威	花旗银行	2006-10-24
47	百达资产管理有限公司	英国	汇丰银行	2006-10-25
48	哥伦比亚大学	美国	汇丰银行	2008-3-12
49	荷宝基金管理公司	荷兰	花旗银行	2008-5-5
50	道富环球投资管理亚洲有限公司	中国香港	渣打银行	2008-5-16
51	铂金投资管理有限公司	澳大利亚	汇丰银行	2008-6-2
52	比利时联合资产管理有限公司	比利时	工商银行	2008-6-2
53	未来资产基金管理公司	韩国	工商银行	2008-7-25
54	安达国际控股有限公司	美国	工商银行	2008-8-5
55	魁北克储蓄投资集团	加拿大	汇丰银行	2008-8-22

续表

序号	中文名称	国别/地区	托管行	批准日期
56	哈佛大学	美国	工商银行	2008-8-22
57	三星资产运用株式会社	韩国	中国银行	2008-8-25
58	联博有限公司	英国	汇丰银行	2008-8-28
59	华侨银行有限公司	新加坡	建设银行	2008-8-28
60	首域投资管理（英国）有限公司	英国	花旗银行	2008-9-11
61	大和证券投资信托株式会社	日本	中国银行	2008-9-11
62	壳牌资产管理有限公司	荷兰	花旗银行	2008-9-12
63	普信投资公司	美国	汇丰银行	2008-9-12
64	瑞士信贷银行股份有限公司	瑞士	工商银行	2008-10-14
65	大华资产管理有限公司	新加坡	工商银行	2008-11-28
66	阿布达比投资局	阿联酋	汇丰银行	2008-12-3
67	安联环球投资有限公司	德国	工商银行	2008-12-16
68	资本国际公司	美国	汇丰银行	2008-12-18
69	三菱日联摩根士丹利证券股份有限公司	日本	中国银行	2008-12-29
70	韩华资产运用株式会社	韩国	花旗银行	2009-2-5
71	安石新兴市场管理有限公司	美国	汇丰银行	2009-2-10
72	韩国产业银行	韩国	建设银行	2009-4-23
73	韩国友利银行股份有限公司	韩国	工商银行	2009-5-4
74	马来西亚国家银行	马来西亚	汇丰银行	2009-5-19
75	罗祖儒投资管理（香港）有限公司	中国香港	汇丰银行	2009-5-27
76	邓普顿投资顾问有限公司	美国	汇丰银行	2009-6-5
77	东亚联丰投资管理有限公司	中国香港	工商银行	2009-6-18
78	三井住友信托银行股份有限公司	日本	花旗银行	2009-6-26
79	韩国投资信托运用株式会社	韩国	工商银行	2009-7-21
80	霸菱资产管理有限公司	英国	汇丰银行	2009-8-6
81	安石投资管理有限公司	英国	工商银行	2009-9-14
82	纽约梅隆资产管理国际有限公司	英国	建设银行	2009-11-6
83	宏利资产管理（香港）有限公司	中国香港	花旗银行	2009-11-20
84	野村资产管理株式会社	日本	工商银行	2009-11-23

续表

序号	中文名称	国别/地区	托管行	批准日期
85	东洋资产运用（株）	韩国	花旗银行	2009-12-11
86	加拿大皇家银行	加拿大	工商银行	2009-12-23
87	英杰华投资集团全球服务有限公司	英国	工商银行	2009-12-28
88	常青藤资产管理公司	美国	汇丰银行	2010-2-8
89	顶峰资产管理有限公司	日本	汇丰银行	2010-4-20
90	法国欧菲资产管理公司	法国	渣打银行	2010-5-21
91	安本亚洲资产管理公司	新加坡	花旗银行	2010-7-6
92	KB资产运用	韩国	花旗银行	2010-8-9
93	富达基金（香港）有限公司	中国香港	汇丰银行	2010-9-1
94	美盛投资（欧洲）有限公司	英国	花旗银行	2010-10-8
95	香港金融管理局	中国香港	花旗银行	2010-10-27
96	富邦证券投资信托股份有限公司	中国台湾	建设银行	2010-10-29
97	群益证券投资信托股份有限公司	中国台湾	汇丰银行	2010-10-29
98	蒙特利尔银行投资公司	加拿大	工商银行	2010-12-6
99	瑞士宝盛银行	瑞士	花旗银行	2010-12-14
100	科提比资产运用株式会社	韩国	建设银行	2010-12-28
101	领先资产管理	法国	建设银行	2011-2-16
102	元大证券投资信托股份有限公司	中国台湾	农业银行	2011-3-4
103	忠利保险有限公司	意大利	工商银行	2011-3-18
104	西班牙对外银行有限公司	西班牙	中信银行	2011-5-6
105	国泰证券投资信托股份有限公司	中国台湾	农业银行	2011-6-9
106	复华证券投资信托股份有限公司	中国台湾	花旗银行	2011-6-9
107	亢简资产管理公司	法国	德意志银行	2011-6-24
108	东方汇理资产管理香港有限公司	中国香港	建设银行	2011-7-14
109	贝莱德机构信托公司	美国	花旗银行	2011-7-14
110	GMO有限责任公司	美国	汇丰银行	2011-8-9
111	新加坡金融管理局	新加坡	汇丰银行	2011-10-8
112	中国人寿保险股份有限公司（台湾）	中国台湾	建设银行	2011-10-26
113	新光人寿保险股份有限公司	中国台湾	中国银行	2011-10-26

续表

序号	中文名称	国别/地区	托管行	批准日期
114	普林斯顿大学	美国	汇丰银行	2011-11-25
115	加拿大年金计划投资委员会	加拿大	汇丰银行	2011-12-9
116	泛达公司	美国	工商银行	2011-12-9
117	瀚博环球投资公司	美国	渣打银行	2011-12-13
118	安耐德合伙人有限公司	美国	建设银行	2011-12-13
119	泰国银行	泰国	汇丰银行	2011-12-16
120	科威特政府投资局	科威特	工商银行	2011-12-21
121	北美信托环球投资公司	英国	交通银行	2011-12-21
122	台湾人寿保险股份有限公司	中国台湾	工商银行	2011-12-21
123	韩国银行	韩国	汇丰银行	2011-12-21
124	安大略省教师养老金计划委员会	加拿大	汇丰银行	2011-12-22
125	韩国投资公司	韩国	汇丰银行	2011-12-28
126	罗素投资爱尔兰有限公司	爱尔兰	汇丰银行	2011-12-28
127	迈世勒资产管理有限责任公司	德国	工商银行	2011-12-31
128	华宜资产运用有限公司	韩国	工商银行	2011-12-31
129	新韩法国巴黎资产运用株式会社	韩国	汇丰银行	2012-1-5
130	家庭医生退休基金	荷兰	汇丰银行	2012-1-5
131	国民年金公团（韩国）	韩国	花旗银行	2012-1-5
132	三商美邦人寿保险股份有限公司	中国台湾	汇丰银行	2012-1-30
133	保德信证券投资信托股份有限公司	中国台湾	汇丰银行	2012-1-31
134	信安环球投资有限公司	美国	建设银行	2012-1-31
135	医院管理局公积金计划	中国香港	汇丰银行	2012-1-31
136	全球人寿保险股份有限公司	中国台湾	花旗银行	2012-2-3
137	大众信托基金有限公司	马来西亚	花旗银行	2012-2-3
138	明治安田资产管理有限公司	日本	花旗银行	2012-2-27
139	国泰人寿保险股份有限公司	中国台湾	中国银行	2012-2-28
140	三井住友银行株式会社	日本	中国银行	2012-2-28
141	富邦人寿保险股份有限公司	中国台湾	花旗银行	2012-3-1
142	友邦保险有限公司	中国香港	中国银行	2012-3-5

续表

序号	中文名称	国别／地区	托管行	批准日期
143	纽伯格伯曼欧洲有限公司	英国	工商银行	2012-3-5
144	马来西亚国库控股公司	马来西亚	工商银行	2012-3-7
145	资金研究与管理公司	美国	汇丰银行	2012-3-9
146	日本东京海上资产管理株式会社	日本	汇丰银行	2012-3-14
147	韩亚金融投资株式会社	韩国	汇丰银行	2012-3-29
148	兴元资产管理有限公司	美国	德意志银行	2012-3-30
149	伦敦市投资管理有限公司	英国	汇丰银行	2012-3-30
150	摩根资产管理（英国）有限公司	英国	工商银行	2012-3-30
151	冈三资产管理股份有限公司	日本	汇丰银行	2012-3-30
152	预知投资管理公司	南非	工商银行	2012-4-18
153	东部资产运用株式会社	韩国	建设银行	2012-4-20
154	骏利资产管理有限公司	美国	汇丰银行	2012-4-20
155	瑞穗投信投资顾问有限公司	日本	汇丰银行	2012-4-26
156	瀚森全球投资有限公司	英国	渣打银行	2012-4-28
157	欧利盛资产管理有限公司	卢森堡	工商银行	2012-5-2
158	中银国际英国保诚资产管理有限公司	中国香港	渣打银行	2012-5-3
159	富敦资金管理有限公司	新加坡	工商银行	2012-5-4
160	利安资金管理公司	新加坡	花旗银行	2012-5-7
161	忠利银行基金管理卢森堡有限责任公司	卢森堡	建设银行	2012-5-23
162	威廉博莱公司	美国	汇丰银行	2012-5-24
163	天达资产管理有限公司	英国	花旗银行	2012-5-28
164	安智投资管理亚太（香港）有限公司	中国香港	花旗银行	2012-6-4
165	三菱日联国际资产管理公司	日本	汇丰银行	2012-6-4
166	中银集团人寿保险有限公司	中国香港	农业银行	2012-7-12
167	霍尔资本有限公司	美国	花旗银行	2012-8-6
168	得克萨斯大学体系董事会	美国	汇丰银行	2012-8-6
169	南山人寿保险股份有限公司	中国台湾	工商银行	2012-8-6
170	SUVA 瑞士国家工伤保险机构	瑞士	花旗银行	2012-8-13
171	不列颠哥伦比亚省投资管理公司	加拿大	汇丰银行	2012-8-17

续表

序号	中文名称	国别/地区	托管行	批准日期
172	惠理基金管理香港有限公司	中国香港	汇丰银行	2012-8-21
173	安大略退休金管理委员会	加拿大	中国银行	2012-8-29
174	教会养老基金	美国	工商银行	2012-8-31
175	麦格理银行有限公司	澳大利亚	汇丰银行	2012-9-4
176	瑞典第二国家养老金	瑞典	汇丰银行	2012-9-20
177	海通资产管理（香港）有限公司	中国香港	交通银行	2012-9-20
178	IDG资本管理（香港）有限公司	中国香港	建设银行	2012-9-20
179	杜克大学	美国	工商银行	2012-9-24
180	卡塔尔控股有限责任公司	卡塔尔	农业银行	2012-9-25
181	瑞士盈丰银行股份有限公司	瑞士	花旗银行	2012-9-26
182	海拓投资管理公司	美国	中国银行	2012-10-26
183	奥博医疗顾问有限公司	美国	花旗银行	2012-10-26
184	新思路投资有限公司	新加坡	汇丰银行	2012-10-26
185	贝莱德资产管理北亚有限公司	中国香港	花旗银行	2012-10-26
186	摩根证券投资信托股份有限公司	中国台湾	建设银行	2012-11-5
187	全球保险集团美国投资管理有限公司	美国	花旗银行	2012-11-5
188	鼎晖投资咨询新加坡有限公司	新加坡	建设银行	2012-11-7
189	瑞典北欧斯安银行有限公司	瑞典	中国银行	2012-11-12
190	嘉实国际资产管理有限公司	中国香港	中国银行	2012-11-12
191	灰石投资管理有限公司	加拿大	工商银行	2012-11-21
192	统一证券投资信托股份有限公司	中国台湾	汇丰银行	2012-11-21
193	大和住银投信投资顾问株式会社	日本	农业银行	2012-11-19
194	毕盛资产管理有限公司	新加坡	建设银行	2012-11-27
195	太平洋投资策略有限公司	中国香港	建设银行	2012-12-11
196	中信证券国际投资管理（香港）有限公司	中国香港	工商银行	2012-12-11
197	易方达资产管理（香港）有限公司	中国香港	汇丰银行	2012-12-11
198	高瓴资本管理有限公司	新加坡	建设银行	2012-12-11
199	永丰证券投资信托股份有限公司	中国台湾	工商银行	2012-12-13
200	华夏基金（香港）有限公司	中国香港	汇丰银行	2012-12-25

续表

序号	中文名称	国别/地区	托管行	批准日期
201	宜思投资管理有限责任公司	瑞典	花旗银行	2013-1-7
202	第一金证券投资信托股份有限公司	中国台湾	汇丰银行	2013-1-24
203	太平洋投资管理公司亚洲私营有限公司	新加坡	汇丰银行	2013-1-24
204	瑞银资产管理（香港）有限公司	中国香港	花旗银行	2013-1-24
205	南方东英资产管理有限公司	中国香港	渣打银行	2013-1-31
206	EJS 投资管理有限公司	瑞士	交通银行	2013-1-31
207	国泰君安资产管理（亚洲）有限公司	中国香港	交通银行	2013-2-21
208	泰康资产管理（香港）有限公司	中国香港	工商银行	2013-2-22
209	招商证券资产管理（香港）有限公司	中国香港	交通银行	2013-2-22
210	国民证券株式会社	韩国	建设银行	2013-3-22
211	工银亚洲投资管理有限公司	中国香港	建设银行	2013-3-25
212	亚洲资本再保险集团私人有限公司	新加坡	花旗银行	2013-4-11
213	AZ 基金管理股份有限公司	卢森堡	德意志银行	2013-4-11
214	台新证券投资信托股份有限公司	中国台湾	建设银行	2013-4-27
215	海富通资产管理（香港）有限公司	中国香港	工商银行	2013-5-7
216	汇丰中华证券投资信托股份有限公司	中国台湾	交通银行	2013-5-10
217	太平资产管理（香港）有限公司	中国香港	建设银行	2013-5-15
218	中国国际金融香港资产管理有限公司	中国香港	建设银行	2013-5-16
219	中国光大资产管理有限公司	中国香港	汇丰银行	2013-5-30
220	博时基金（国际）有限公司	中国香港	汇丰银行	2013-6-4
221	兆丰国际证券投资信托股份有限公司	中国台湾	德意志银行	2013-6-4
222	法国巴黎投资管理亚洲有限公司	中国香港	中国银行	2013-6-19
223	圣母大学	美国	汇丰银行	2013-6-19
224	纽堡亚洲	美国	汇丰银行	2013-7-15
225	华南永昌证券投资信托股份有限公司	中国台湾	花旗银行	2013-7-15
226	景林资产管理香港有限公司	中国香港	汇丰银行	2013-7-15
227	中国信托人寿保险股份有限公司	中国台湾	中国银行	2013-8-20
228	凯思博投资管理（香港）有限公司	中国香港	工商银行	2013-8-20
229	富邦产物保险股份有限公司	中国台湾	工商银行	2013-8-26

续表

序号	中文名称	国别/地区	托管行	批准日期
230	欧特咨询有限公司	英国	汇丰银行	2013-8-26
231	盛树投资管理有限公司	新加坡	汇丰银行	2013-8-26
232	广发国际资产管理有限公司	中国香港	工商银行	2013-9-26
233	梅奥诊所	美国	汇丰银行	2013-9-29
234	国信证券（香港）资产管理有限公司	中国香港	花旗银行	2013-9-29
235	新加坡科技资产管理有限公司	新加坡	渣打银行	2013-10-18
236	政府养老基金（泰国）	泰国	建设银行	2013-10-24
237	狮诚控股国际私人有限公司	新加坡	汇丰银行	2013-10-30
238	CSAM资产管理有限公司	新加坡	花旗银行	2013-10-30
239	中国人寿富兰克林资产管理有限公司	中国香港	建设银行	2013-10-30
240	瑞银韩亚资产运用株式会社	韩国	花旗银行	2013-10-31
241	国泰世华商业银行股份有限公司	中国台湾	工商银行	2013-11-7
242	立陶宛银行	立陶宛	汇丰银行	2013-11-23
243	富兰克林华美证券投资信托股份有限公司	中国台湾	农业银行	2013-11-23
244	中国信托商业银行股份有限公司	中国台湾	中国银行	2013-11-23
245	华盛顿大学	美国	汇丰银行	2014-1-23
246	澳门金融管理局	中国澳门	中国银行	2014-1-27
247	史帝夫尼可洛司股份有限公司	美国	花旗银行	2014-1-27
248	职总英康保险合作社有限公司	新加坡	花旗银行	2014-1-27
249	Invesco PowerShares资产管理有限公司	美国	建设银行	2014-1-27
250	瑞士再保险亚洲股份有限公司	瑞士	花旗银行	2014-1-27
251	Nordea投资管理公司	瑞典	汇丰银行	2014-1-27
252	华顿证券投资信托股份有限公司	中国台湾	工商银行	2014-3-11
253	喀斯喀特有限责任公司	美国	德意志银行	2014-3-11
254	铭基国际投资公司	美国	汇丰银行	2014-3-12
255	奥本海默基金公司	美国	汇丰银行	2014-3-19
256	高观投资有限公司	中国香港	汇丰银行	2014-4-8
257	台新国际商业银行股份有限公司	中国台湾	建设银行	2014-6-3
258	花旗集团基金管理有限公司	中国香港	德意志银行	2014-6-16

续表

序号	中文名称	国别／地区	托管行	批准日期
259	爱斯普乐基金管理公司	韩国	花旗银行	2014-7-24
260	彭博家族基金会	美国	汇丰银行	2014-7-25
261	石溪集团	美国	汇丰银行	2014-7-28
262	麻省理工学院	美国	汇丰银行	2014-9-19
263	万金全球香港有限公司	中国香港	花旗银行	2014-9-22
264	高盛国际	英国	汇丰银行	2014-9-22
265	安盛基金管理有限公司	卢森堡	汇丰银行	2014-10-8
266	国投瑞银资产管理（香港）有限公司	中国香港	工商银行	2014-12-1
267	工银瑞信资产管理（国际）有限公司	中国香港	汇丰银行	2014-12-4
268	申万宏源投资管理（亚洲）有限公司	中国香港	工商银行	2014-12-30
269	宾夕法尼亚大学校董会	美国	汇丰银行	2015-1-5
270	广发资产管理（香港）有限公司	中国香港	工商银行	2015-1-7
271	麦盛资产管理（亚洲）有限公司	中国香港	兴业银行	2015-1-22
272	玉山商业银行股份有限公司	中国台湾	中国银行	2015-2-27
273	汇添富资产管理（香港）有限公司	中国香港	建设银行	2015-2-27
274	加利福尼亚大学校董会	美国	德意志银行	2015-3-25
275	富国资产管理（香港）有限公司	中国香港	汇丰银行	2015-4-8
276	文莱投资局	文莱	渣打银行	2015-5-7
277	台湾银行股份有限公司	中国台湾	汇丰银行	2015-5-20
278	淡水泉（香港）投资管理有限公司	中国香港	汇丰银行	2015-5-20
279	安联证券投资信托股份有限公司	中国台湾	德意志银行	2015-5-21
280	安信资产管理（香港）有限公司	中国香港	汇丰银行	2015-6-2
281	日盛证券投资信托股份有限公司	中国台湾	德意志银行	2015-6-2
282	泛亚投资管理有限公司	瑞士	汇丰银行	2015-6-29
283	建银国际资产管理有限公司	中国香港	工商银行	2015-7-28
284	忠诚保险有限公司	葡萄牙	工商银行	2015-8-31
285	挚信投资顾问（香港）有限公司	中国香港	工商银行	2015-10-12
286	瀚亚证券投资信托股份有限公司	中国台湾	汇丰银行	2015-11-2
287	柏瑞证券投资信托股份有限公司	中国台湾	德意志银行	2015-11-24

续表

序号	中文名称	国别/地区	托管行	批准日期
288	农银国际资产管理有限公司	中国香港	中国银行	2015-11-24
289	融通国际资产管理有限公司	中国香港	工商银行	2016-1-15
290	国泰全球投资管理有限公司	中国香港	建设银行	2016-3-17
291	第一商业银行股份有限公司	中国台湾	汇丰银行	2016-5-3
292	元大证券股份有限公司	中国台湾	交通银行	2016-7-19
293	工银国际资产管理有限公司	中国香港	农业银行	2016-7-19
294	中国光大证券资产管理有限公司	中国香港	交通银行	2016-8-12
295	领航集团有限公司	美国	汇丰银行	2016-9-1
296	中邮创业国际资产管理有限公司	中国香港	中国银行	2016-9-9
297	财通国际资产管理有限公司	中国香港	中国银行	2016-9-9
298	摩根大通证券股份有限公司	英国	汇丰银行	2016-9-28
299	大成国际资产管理有限公司	中国香港	渣打银行	2016-12-6
300	招银国际资产管理有限公司	中国香港	中国银行	2017-1-5
301	中加国际资产管理有限公司	中国香港	建设银行	2017-1-10
302	国家第一养老金信托公司	澳大利亚	汇丰银行	2017-1-18
303	海通银行股份有限公司	葡萄牙	花旗银行	2017-2-13
304	中银香港资产管理有限公司	中国香港	农业银行	2017-5-24
305	兴证国际资产管理有限公司	中国香港	兴业银行	2017-6-19
306	山证国际资产管理有限公司	中国香港	交通银行	2017-8-14
307	荷兰汇盈资产管理公司	荷兰	汇丰银行	2017-11-28
308	中泰国际资产管理有限公司	中国香港	中国银行	2018-8-15
309	长盛基金（香港）有限公司	中国香港	工商银行	2018-8-22

附表6　　合格境外机构投资者托管银行一览表

序号	QFII 托管行中文名称
1	汇丰银行（中国）有限公司
2	花旗银行（中国）有限公司
3	渣打银行（中国）有限公司
4	中国工商银行股份有限公司
5	中国银行股份有限公司
6	中国农业银行股份有限公司
7	交通银行股份有限公司
8	中国建设银行股份有限公司
9	中国光大银行股份有限公司
10	中国招商银行股份有限公司
11	德意志银行（中国）有限公司
12	星展银行（中国）有限公司
13	中国中信银行股份有限公司
14	上海浦东发展银行股份有限公司
15	中国民生银行股份有限公司
16	三菱东京日联银行（中国）有限公司
17	兴业银行股份有限公司
18	平安银行股份有限公司
19	华夏银行股份有限公司

附表7 　　　　　　　　　　**人民币合格境外机构投资者一览表**

序号	中文名称	注册地	境内托管银行	批准日期
1	南方东英资产管理有限公司	中国香港	中国银行	2011-12-21
			汇丰银行	
2	易方达资产管理（香港）有限公司	中国香港	交通银行	2011-12-21
			汇丰银行	
			建设银行	
3	嘉实国际资产管理有限公司	中国香港	中国银行	2011-12-21
			汇丰银行	
4	华夏基金（香港）有限公司	中国香港	中国银行	2011-12-21
			花旗银行	
5	大成国际资产管理有限公司	中国香港	中国银行	2011-12-21
6	汇添富资产管理（香港）有限公司	中国香港	中国银行	2011-12-21
7	博时基金（国际）有限公司	中国香港	汇丰银行	2011-12-21
8	海富通资产管理（香港）有限公司	中国香港	中国银行	2011-12-21
			工商银行	
9	华安资产管理（香港）有限公司	中国香港	中国银行	2011-12-21
			汇丰银行	
			建设银行	
10	申万宏源（国际）集团有限公司	中国香港	交通银行	2011-12-22
11	安信国际金融控股有限公司	中国香港	汇丰银行	2011-12-22
12	中国国际金融（香港）有限公司	中国香港	中国银行	2011-12-22
13	国信证券（香港）金融控股有限公司	中国香港	中国银行	2011-12-22
14	光大证券金融控股有限公司	中国香港	中国银行	2011-12-22
15	华泰金融控股（香港）有限公司	中国香港	交通银行	2011-12-22
16	国泰君安金融控股有限公司	中国香港	中国银行	2011-12-22
17	海通国际控股有限公司	中国香港	中国银行	2011-12-22
18	广发控股（香港）有限公司	中国香港	中国银行	2011-12-22

续表

序号	中文名称	注册地	境内托管银行	批准日期
19	招商证券国际有限公司	中国香港	中国银行	2011-12-22
20	中信证券国际有限公司	中国香港	中国银行	2011-12-22
21	国元证券（香港）有限公司	中国香港	汇丰银行	2011-12-22
22	工银瑞信资产管理（国际）有限公司	中国香港	建设银行	2012-8-7
23	广发国际资产管理有限公司	中国香港	工商银行 农业银行	2012-8-7
24	上投摩根资产管理（香港）有限公司	中国香港	建设银行	2012-10-26
25	国投瑞银资产管理（香港）有限公司	中国香港	中国银行	2012-12-17
26	富国资产管理（香港）有限公司	中国香港	汇丰银行	2012-12-17
27	诺安基金（香港）有限公司	中国香港	工商银行	2013-2-22
28	泰康资产管理（香港）有限公司	中国香港	农业银行	2013-3-14
29	建银国际资产管理有限公司	中国香港	工商银行	2013-3-25
30	兴证（香港）金融控股有限公司	中国香港	中国银行 兴业银行	2013-4-25
31	中国人寿富兰克林资产管理有限公司	中国香港	工商银行	2013-5-15
32	农银国际资产管理有限公司	中国香港	中国银行	2013-5-15
33	中投证券（香港）金融控股有限公司	中国香港	中国银行	2013-5-16
34	东方金融控股（香港）有限公司	中国香港	中国银行	2013-5-23
35	工银亚洲投资管理有限公司	中国香港	建设银行	2013-6-4
36	恒生投资管理有限公司	中国香港	建设银行	2013-6-4
37	太平资产管理（香港）有限公司	中国香港	建设银行	2013-6-19
38	中银香港资产管理有限公司	中国香港	农业银行	2013-7-15
39	南华资产管理（香港）有限公司	中国香港	交通银行	2013-7-15
40	长江证券控股（香港）有限公司	中国香港	中国银行	2013-7-15
41	中国平安资产管理（香港）有限公司	中国香港	中国银行	2013-7-19
42	信达国际资产管理有限公司	中国香港	建设银行	2013-7-19
43	丰收投资管理（香港）有限公司	中国香港	工商银行	2013-7-19
44	汇丰环球投资管理（香港）有限公司	中国香港	交通银行	2013-7-19
45	东亚银行有限公司	中国香港	交通银行	2013-8-15

续表

序号	中文名称	注册地	境内托管银行	批准日期
46	永丰金资产管理（亚洲）有限公司	中国香港	工商银行	2013-8-15
47	交银国际资产管理有限公司	中国香港	汇丰银行	2013-8-20
48	中国东方国际资产管理有限公司	中国香港	中国银行	2013-8-20
49	惠理基金管理香港有限公司	中国香港	汇丰银行	2013-8-20
50	柏瑞投资香港有限公司	中国香港	汇丰银行	2013-9-26
51	创兴银行有限公司	中国香港	建设银行	2013-9-26
52	JF资产管理有限公司	中国香港	建设银行	2013-10-30
53	未来资产环球投资（香港）有限公司	中国香港	工商银行	2013-10-30
54	香港沪光国际投资管理有限公司	中国香港	中国银行	2013-10-30
55	中国光大资产管理有限公司	中国香港	汇丰银行	2013-10-30
56	中信建投（国际）金融控股有限公司	中国香港	中国银行	2013-10-30
57	国金证券（香港）有限公司	中国香港	建设银行	2013-12-6
58	中国银河国际金融控股有限公司	中国香港	汇丰银行	2013-12-11
59	安石投资管理有限公司	英国	汇丰银行	2013-12-17
60	瑞银资产管理（香港）有限公司	中国香港	汇丰银行	2013-12-19
61	永隆资产管理有限公司	中国香港	交通银行	2013-12-30
62	景林资产管理香港有限公司	中国香港	汇丰银行	2014-1-10
63	华宝兴业资产管理（香港）有限公司	中国香港	中国银行	2014-1-20
64	易亚投资管理有限公司	中国香港	渣打银行	2014-1-27
65	麦格理基金管理（香港）有限公司	中国香港	汇丰银行	2014-1-27
66	道富环球投资管理亚洲有限公司	中国香港	建设银行	2014-1-27
67	嘉理资产管理有限公司	中国香港	建设银行	2014-3-6
68	施罗德投资管理（香港）有限公司	中国香港	汇丰银行	2014-3-6
69	贝莱德资产管理北亚有限公司	中国香港	花旗银行	2014-3-11
70	交银施罗德资产管理（香港）有限公司	中国香港	汇丰银行	2014-3-12
71	越秀资产管理有限公司	中国香港	工商银行	2014-3-26
72	润晖投资管理香港有限公司	中国香港	建设银行	2014-3-27
73	赤子之心资本亚洲有限公司	中国香港	花旗银行	2014-4-15
74	招商资产（香港）有限公司	中国香港	中国银行	2014-5-21

续表

序号	中文名称	注册地	境内托管银行	批准日期
75	富达基金（香港）有限公司	中国香港	工商银行	2014-5-21
76	日兴资产管理亚洲有限公司	新加坡	中国银行	2014-5-21
77	毕盛资产管理有限公司	新加坡	建设银行	2014-5-21
78	富敦资金管理有限公司	新加坡	汇丰银行	2014-5-21
79	辉立资本管理（香港）有限公司	中国香港	渣打银行	2014-6-3
80	长盛基金（香港）有限公司	中国香港	中国银行	2014-6-12
81	贝莱德顾问（英国）有限公司	英国	汇丰银行	2014-6-13
82	汇丰环球资产管理（英国）有限公司	英国	交通银行	2014-6-16
83	中泰金融国际有限公司	中国香港	交通银行	2014-6-27
84	三星资产运用（香港）有限公司	中国香港	花旗银行	2014-6-30
85	新思路投资有限公司	新加坡	汇丰银行	2014-7-24
86	新华资产管理（香港）有限公司	中国香港	建设银行	2014-7-24
87	元富证券（香港）有限公司	中国香港	渣打银行	2014-7-28
88	国泰君安基金管理有限公司	中国香港	工商银行	2014-8-11
89	财通国际资产管理有限公司	中国香港	交通银行	2014-8-12
90	联博香港有限公司	中国香港	建设银行	2014-8-12
91	元大宝来证券（香港）有限公司	中国香港	中国银行	2014-8-15
92	安本亚洲资产管理有限公司	新加坡	花旗银行	2014-8-15
93	法国巴黎投资管理	法国	汇丰银行	2014-8-27
94	天达资产管理有限公司	英国	汇丰银行	2014-8-28
95	凯敏雅克资产管理公司	法国	汇丰银行	2014-9-19
96	星展银行有限公司	新加坡	农业银行	2014-9-22
97	利安资金管理公司	新加坡	中国银行	2014-9-23
98	融通国际资产管理有限公司	中国香港	工商银行	2014-10-8
99	上海商业银行有限公司	中国香港	交通银行	2014-10-13
100	法国巴黎投资管理亚洲有限公司	中国香港	汇丰银行	2014-10-13
101	新韩法国巴黎资产运用株式会社	韩国	汇丰银行	2014-10-13
102	中诚国际资本有限公司	中国香港	交通银行	2014-10-31
103	百达资产管理有限公司	英国	汇丰银行	2014-11-6

续表

序号	中文名称	注册地	境内托管银行	批准日期
104	亨茂资产管理有限公司	中国香港	工商银行	2014-11-19
105	赛德堡资本（英国）有限公司	英国	建设银行	2014-11-19
106	霸菱资产管理（亚洲）有限公司	中国香港	汇丰银行	2014-11-25
107	信安环球投资（香港）有限公司	中国香港	建设银行	2014-11-25
108	施罗德投资管理（新加坡）有限公司	新加坡	汇丰银行	2014-12-1
109	未来资产环球投资有限公司	韩国	汇丰银行	2014-12-4
110	威灵顿投资管理国际有限公司	英国	汇丰银行	2014-12-10
111	加拿大丰业亚洲有限公司	新加坡	中国银行	2014-12-12
112	摩根资产管理（新加坡）有限公司	新加坡	建设银行	2014-12-24
113	东洋资产运用（株）	韩国	汇丰银行	2014-12-24
114	NH-AMUNDI 资产管理有限公司	韩国	汇丰银行	2014-12-26
115	富舜资产管理（香港）有限公司	中国香港	中国银行	2014-12-26
116	东部资产运用株式会社	韩国	建设银行	2014-12-26
117	韩亚金融投资株式会社	韩国	花旗银行	2014-12-29
118	瑞银韩亚资产运用株式会社	韩国	汇丰银行	2015-1-5
119	CSAM 资产管理有限公司	新加坡	建设银行	2015-1-5
120	东亚联丰投资管理有限公司	中国香港	德意志银行	2015-1-5
121	新加坡政府投资有限公司	新加坡	渣打银行	2015-1-22
122	纽伯格曼新加坡	新加坡	渣打银行	2015-1-22
123	TRUSTON 资产管理有限公司	韩国	汇丰银行	2015-1-22
124	大信资产运用株式会社	韩国	中国银行	2015-1-22
125	三星资产运用株式会社	韩国	渣打银行	2015-1-22
126	韩国投资信托运用株式会社	韩国	渣打银行	2015-1-22
127	景顺投资管理有限公司	中国香港	汇丰银行	2015-2-6
128	MY Asset 投资管理有限公司	韩国	汇丰银行	2015-2-6
129	德意志资产及财富管理投资有限公司	德国	汇丰银行	2015-2-6
130	新韩金融投资公司	韩国	汇丰银行	2015-2-16
131	凯思博投资管理（香港）有限公司	中国香港	工商银行	2015-2-16
132	兴国资产管理公司	韩国	汇丰银行	2015-2-16

续表

序号	中文名称	注册地	境内托管银行	批准日期
133	英杰华投资亚洲私人有限公司	新加坡	汇丰银行	2015-2-17
134	中国建设银行（伦敦）有限公司	英国	汇丰银行	2015-2-17
135	达杰资金管理有限公司	新加坡	汇丰银行	2015-2-27
136	KKR新加坡有限公司	新加坡	建设银行	2015-3-2
137	领航投资澳洲有限公司	澳大利亚	汇丰银行	2015-3-2
138	兴元投资管理有限公司	英国	德意志银行	2015-3-6
139	大华资产管理有限公司	新加坡	工商银行	2015-3-6
140	苏尔斯英国服务有限公司	英国	汇丰银行	2015-3-25
141	领先资产管理	法国	工商银行	2015-3-25
142	未来资产大宇株式会社	韩国	汇丰银行	2015-3-25
143	信诚资产管理（新加坡）有限公司	新加坡	德意志银行	2015-3-31
144	三星生命保险（株）	韩国	中国银行	2015-3-31
145	教保安盛资产运用（株）	韩国	汇丰银行	2015-4-2
146	迈睿思资产管理有限公司	韩国	交通银行	2015-4-8
147	安联环球投资新加坡有限公司	新加坡	汇丰银行	2015-4-8
148	方圆投资管理（香港）有限公司	中国香港	中国银行	2015-4-8
149	三星证券株式会社	韩国	汇丰银行	2015-4-17
150	GAM国际管理有限公司	英国	汇丰银行	2015-4-17
151	华宜资产运用株式会社	韩国	工商银行	2015-5-6
152	华侨银行有限公司	新加坡	中国银行	2015-5-6
153	嘉实国际资产管理（英国）有限公司	英国	汇丰银行	2015-5-6
154	东方汇理资产管理香港有限公司	中国香港	中国银行	2015-5-20
155	瑞士再保险股份有限公司	瑞士	汇丰银行	2015-6-2
156	蓝海资产管理公司	英国	汇丰银行	2015-6-26
157	爱斯普乐基金管理公司	韩国	花旗银行	2015-6-29
158	KB资产运用有限公司	韩国	汇丰银行	2015-6-29
159	韩国产业银行	韩国	汇丰银行	2015-6-29
160	瑞银资产管理（新加坡）有限公司	新加坡	汇丰银行	2015-6-29
161	CI投资管理公司	加拿大	汇丰银行	2015-6-29

续表

序号	中文名称	注册地	境内托管银行	批准日期
162	元大证券株式会社	韩国	汇丰银行	2015-7-28
163	UBI 资产管理公司	法国	工商银行	2015-7-28
164	韩华资产运用株式会社	韩国	工商银行	2015-7-28
165	大信证券（株）	韩国	汇丰银行	2015-7-28
166	韩国投资证券株式会社	韩国	汇丰银行	2015-8-10
167	IBK 投资证券株式会社	韩国	汇丰银行	2015-8-10
168	三星火灾海上保险公司	韩国	汇丰银行	2015-8-31
169	东方汇理资产管理新加坡有限公司	新加坡	渣打银行	2015-8-31
170	Multi Asset 基金管理公司	韩国	汇丰银行	2015-8-31
171	东方汇理资产管理	法国	汇丰银行	2015-9-17
172	Kiwoom 投资资产管理有限公司	韩国	汇丰银行	2015-9-23
173	现代投资公司（株）	韩国	汇丰银行	2015-10-9
174	中国工商银行（欧洲）有限公司	卢森堡	汇丰银行	2015-11-2
175	中国银行（卢森堡）有限公司	卢森堡	渣打银行	2015-11-3
176	广发国际资产管理（英国）有限公司	英国	汇丰银行	2015-12-10
177	安大略退休金管理委员会	加拿大	汇丰银行	2015-12-21
178	加拿大年金计划投资委员会	加拿大	汇丰银行	2015-12-21
179	保宁资产有限公司	英国	中国银行	2016-1-13
180	贝莱德（新加坡）有限公司	新加坡	汇丰银行	2016-1-25
181	野村资产管理德国有限公司	德国	汇丰银行	2016-2-1
182	太平洋投资管理公司亚洲私营有限公司	新加坡	汇丰银行	2016-2-15
183	法国工商信贷银行有限公司	法国	渣打银行	2016-2-22
184	忠利投资卢森堡有限公司	卢森堡	建设银行	2016-2-22
185	OCTO 资产管理公司	法国	工商银行	2016-2-26
186	Avanda 投资管理私人有限公司	新加坡	汇丰银行	2016-3-15
187	瀚亚投资（新加坡）有限公司	新加坡	汇丰银行	2016-3-17
188	广发金融交易（英国）有限公司	英国	工商银行	2016-4-1
189	安盛投资管理有限公司（巴黎）	法国	浦发银行	2016-4-1
190	高盛国际资产管理公司	英国	汇丰银行	2016-4-15

续表

序号	中文名称	注册地	境内托管银行	批准日期
191	辉立资金管理有限公司	新加坡	工商银行	2016-4-26
192	安联环球投资有限公司	德国	汇丰银行	2016-4-26
193	迈达思基金管理有限公司	韩国	渣打银行	2016-5-6
194	富达投资管理(新加坡)有限公司	新加坡	花旗银行	2016-6-6
195	荷宝卢森堡股份有限公司	卢森堡	德意志银行	2016-6-8
196	爱德蒙得洛希尔资产管理(法国)有限公司	法国	建设银行	2016-6-8
197	新加坡科技资产管理有限公司	新加坡	渣打银行	2016-6-24
198	海汇通资产管理有限公司	新加坡	工商银行	2016-7-19
199	有进投资证券公司	韩国	汇丰银行	2016-8-12
200	株式会社新韩银行	韩国	汇丰银行	2016-8-22
201	凯恩国际基金管理股份有限公司(卢森堡)	卢森堡	汇丰银行	2016-9-9
202	开泰基金管理有限公司	泰国	汇丰银行	2016-9-9
203	东吴证券中新(新加坡)有限公司	新加坡	中国银行	2016-10-27
204	罗素投资管理(澳大利亚)有限公司	澳大利亚	汇丰银行	2016-10-27
205	贝莱德基金顾问公司	美国	汇丰银行	2016-11-25
206	Lemanik 资产管理股份有限公司	卢森堡	工商银行	2016-11-25
207	锋裕资产管理公司	卢森堡	汇丰银行	2016-12-20
208	联昌信安资产管理有限公司	马来西亚	汇丰银行	2017-1-18
209	范达投资有限公司	澳大利亚	工商银行	2017-2-23
210	首域投资管理(英国)有限公司	英国	花旗银行	2017-5-31
211	古根海姆基金投资顾问有限责任公司	美国	汇丰银行	2017-6-19
212	申万宏源新加坡私人有限公司	新加坡	中国银行	2017-7-27
213	Acadian 资产管理有限责任公司	美国	汇丰银行	2017-7-27
214	新盟投资管理公司	新加坡	汇丰银行	2017-8-18
215	贝莱德机构信托公司	美国	汇丰银行	2017-9-1
216	霸菱资产管理有限公司	英国	汇丰银行	2017-9-26
217	Wisdom Tree 资产管理	美国	汇丰银行	2017-10-16
218	海克利尔国际投资有限责任合伙	英国	汇丰银行	2018-1-8

续表

序号	中文名称	注册地	境内托管银行	批准日期
219	中加国际资产管理有限公司	中国香港	建设银行	2018-5-2
220	美国桥水投资公司	美国	汇丰银行	2018-5-25
221	道富环球投资有限公司	英国	汇丰银行	2018-5-31
222	道富环球投资信托公司	美国	汇丰银行	2018-5-31
223	道富环球投资资产管理有限公司	美国	汇丰银行	2018-5-31
224	道富环球投资爱尔兰有限公司	爱尔兰	汇丰银行	2018-5-31
225	富善国际资产管理（香港）有限公司	中国香港	建设银行	2018-7-16
226	Wisdom Tree 管理有限公司	爱尔兰	汇丰银行	2018-8-27
227	耀之国际资产管理有限公司	中国香港	工商银行	2018-9-6
228	三井住友银行股份有限公司	日本	汇丰银行	2018-9-30
229	银华国际资本管理公司	中国香港	建设银行	2018-10-8
230	中国人保香港资产管理有限公司	中国香港	建设银行	2018-10-12
231	中邮国际（英国）有限公司	中国香港	中国银行	2018-10-23

附表8　　境外证券类机构驻华代表处一览表

序号	境外机构名称	代表处地点	序号	境外机构名称	代表处地点
1	野村证券株式会社	北京	19	香港上海汇丰银行有限公司	北京
		上海			上海
2	法国巴黎资本（亚洲）有限公司	北京	20	内藤证券株式会社	上海
		上海	21	香港摩根大通证券（亚太）有限公司	北京
3	美林国际有限公司	北京			上海
		上海	22	法国兴业证券（香港）有限公司	上海
4	中信里昂证券有限公司	上海	23	农协投资证券公司	上海
		深圳	24	富达基金（香港）有限公司	北京
5	摩根士丹利亚洲有限公司	北京			上海
6	高盛（中国）有限责任公司	北京	25	大和投资管理（香港）有限公司	上海
		上海	26	瑞士信贷（香港）有限公司	北京
7	巴克莱证券有限公司	上海			上海
8	瑞银证券亚洲有限公司	北京	27	三井住友资产管理株式会社	上海
9	群益国际控股有限公司	上海	28	瑞穗证券股份有限公司	北京
10	元大证券股份有限公司	北京			上海
		上海	29	富邦综合证券股份有限公司	北京
11	国民证券株式会社	上海	30	德意志银行股份有限公司	北京
12	新鸿基投资服务有限公司	上海			上海
		深圳	31	美国富瑞金融集团	北京
13	星展唯高达香港有限公司	上海	32	冈三证券株式会社	上海
14	永丰金证券（亚洲）有限公司	上海	33	马丁可利投资管理有限公司	上海
15	日盛嘉富证券国际有限公司	上海	34	麦格理证券（澳大利亚）股份有限公司	上海
16	凯基证券亚洲有限公司	上海			
		深圳	35	香港致富证券有限公司	北京
17	海通国际证券有限公司	上海			上海
18	三星证券株式会社	北京			深圳

续表

序号	境外机构名称	代表处地点	序号	境外机构名称	代表处地点
36	东洋证券股份有限公司	上海	57	摩乃科斯证券股份有限公司	北京
37	富兰克林华美证券投资信托股份有限公司	上海	58	韩亚金融投资株式会社	北京
			59	宏富投资管理有限公司	北京
38	韩国新韩金融投资股份有限公司	上海	60	信安环球投资有限公司	北京
39	蓝泽证券股份有限公司	上海	61	标准人寿投资公司	北京
40	韩国爱思开证券股份有限公司	上海	62	法国东方汇理基金管理公司	北京
41	大和住银投信投资顾问株式会社	上海	63	香港景顺投资管理有限公司	北京
42	联昌证券有限公司	上海	64	摩根资产管理有限公司	北京
43	华南永昌综合证券股份有限公司	上海	65	威灵顿管理香港有限公司	北京
44	韩国投资信托运用株式会社	上海	66	法盛投资管理公司	北京
45	花旗环球金融中国有限公司	北京	67	罗素投资集团有限公司	北京
46	大和证券株式会社	北京	68	摩根士丹利投资管理公司	北京
47	三菱日联证券控股股份有限公司	北京	69	美国桥水投资公司	北京
48	中银国际控股有限公司	北京	70	安盛投资管理巴黎公司	北京
49	汇富金融服务有限公司	北京	71	元大证券（香港）有限公司	深圳
50	京华山一国际（香港）有限公司	北京	72	统一综合证券股份有限公司	厦门
51	第一上海融资有限公司	北京	73	邓普顿国际股份有限公司	北京
52	蒙特利尔银行利时证券公司	北京	74	领航投资香港有限公司	北京
53	韩国未来资产大宇股份有限公司	北京	75	IG市场有限公司	上海
		上海	76	德国商业银行股份有限公司	北京
54	日本三井住友信托银行股份有限公司	北京	77	美国科本资本市场公司	北京
			78	中国泛海证券有限公司	沈阳
55	交银国际控股有限公司	北京	79	迈凯希金融公司	北京
56	城市信贷投资银行有限公司	上海			

附表9　　境外交易所驻华代表处一览表

序号	境外交易所名称	所属辖区
1	香港交易及结算所有限公司	中国香港
2	纽约证券交易所有限责任公司	美国
3	纳斯达克股票市场有限责任公司	美国
4	东京证券交易所株式会社	日本
5	韩国交易所	韩国
6	新加坡交易所有限公司	新加坡
7	伦敦证券交易所有限责任公司	英国
8	德意志交易所股份有限公司	德国
9	多伦多证券交易所公司	加拿大
10	巴西证券期货交易所股份有限公司	巴西

附表10　　双边监管合作谅解备忘录一览表

序号	时间	境外机构	备忘录名称	签署地
1	1993-6-19	香港证券暨期货事务监察委员会	监管合作备忘录	北京
2	1994-4-28	美国证券与交易委员会	关于合作、磋商及技术协助的谅解备忘录	北京
3	1995-7-4	香港证券暨期货事务监察委员会	有关期货事宜的监管合作备忘录	北京
4	1995-11-30	新加坡金融管理局	关于监管证券和期货活动的相关合作与信息互换的备忘录	新加坡
5	1996-5-23	澳大利亚证券委员会	证券期货监管合作谅解备忘录	堪培拉
6	1996-10-7	英国财政部、证券与投资委员会	证券期货监管合作谅解备忘录	北京
7	1997-3-18	日本大藏省	谅解备忘录	东京
8	1997-4-18	马来西亚证券委员会	证券期货监管合作谅解备忘录	北京
9	1997-11-13	巴西证券委员会	证券监管合作谅解备忘录	北京
10	1998-3-4	法国证券委员会	证券期货监管合作谅解备忘录	北京
11	1998-10-8	德国联邦证券监管委员会	证券监管合作谅解备忘录	法兰克福
12	1999-11-3	意大利国家证券监管委员会	证券监管合作谅解备忘录	罗马
13	2000-6-22	埃及资本市场委员会	证券监管合作谅解备忘录	邮寄方式
14	2002-1-18	美国商品期货交易委员会	期货监管合作谅解备忘录	华盛顿
15	2002-6-27	罗马尼亚国家证券委员会	证券监管合作谅解备忘录	北京
16	2002-10-29	南非共和国金融服务委员会	证券监管合作谅解备忘录	比勒陀利亚
17	2002-11-1	荷兰金融市场委员会	证券监管合作谅解备忘录	邮寄方式
18	2002-11-26	比利时银行及金融委员会	证券监管合作谅解备忘录	北京
19	2003-3-21	加拿大证券监管机构初始参与成员	证券期货监管合作谅解备忘录	邮寄方式
20	2003-5-22	瑞士联邦银行委员会	证券期货监管合作谅解备忘录	邮寄方式
21	2003-12-9	印度尼西亚资本市场监管委员会	关于相互协助和信息交流的谅解备忘录	雅加达
22	2004-2-20	新西兰证券委员会	证券期货监管合作谅解备忘录	惠灵顿
23	2004-10-14	印度尼西亚商品期货交易监管局	期货监管合作谅解备忘录	北京
24	2004-10-26	葡萄牙证券市场委员会	证券期货监管合作谅解备忘录	蒙特利尔

续表

序号	时间	境外机构	备忘录名称	签署地
25	2005-6-14	尼日利亚证券交易委员会	证券期货监管合作谅解备忘录	北京
26	2005-6-27	越南证券委员会	证券期货监管合作谅解备忘录	北京
27	2006-9-15	印度共和国证券交易委员会	证券期货监管合作谅解备忘录	北京
28	2006-9-20	阿根廷国家证券委员会	证券期货监管合作谅解备忘录	上海
29	2006-9-20	约旦证券委员会	证券期货监管合作谅解备忘录	上海
30	2006-9-26	挪威金融监管委员会	证券期货监管合作谅解备忘录	奥斯陆
31	2006-11-10	土耳其资本市场委员会	证券期货监管合作谅解备忘录	伊斯坦布尔
32	2006-11-21	印度远期市场委员会	商品期货监管合作谅解备忘录	新德里
33	2006-12-6	阿联酋证券商品委员会	证券期货监管合作谅解备忘录	邮寄方式
34	2007-4-12	泰国证券交易委员会	证券期货监管合作谅解备忘录	孟买
35	2008-1-15	列支敦士登金融管理局	证券期货监管合作谅解备忘录	北京
36	2008-1-24	蒙古金融监督委员会	证券监管合作谅解备忘录	北京
37	2008-8-8	俄罗斯联邦金融市场监督总局	证券期货监管合作谅解备忘录	北京
38	2008-9-27	迪拜金融服务局	证券期货监管合作谅解备忘录	迪拜
39	2008-10-23	爱尔兰金融服务监管局	证券期货监管合作谅解备忘录	北京
40	2008-10-30	奥地利金融市场管理局	证券期货监管合作谅解备忘录	邮寄方式
41	2009-10-6	西班牙国家证券市场委员会	证券期货监管合作谅解备忘录	巴塞尔
42	2009-11-16	台湾地区金融监督管理机构	海峡两岸证券及期货监督管理合作谅解备忘录	邮寄方式
43	2010-1-26	马耳他金融服务局	证券期货监管合作谅解备忘录	瓦莱塔
44	2010-5-5	科威特股票交易所委员会	证券期货监管合作谅解备忘录	科威特城
45	2010-12-17	巴基斯坦证券交易委员会	证券期货监管合作谅解备忘录	伊斯兰堡
46	2011-3-29	以色列证券监管局	证券期货监管合作谅解备忘录	北京
47	2011-4-7	卡塔尔金融市场管理局	证券期货监管合作谅解备忘录	北京
48	2011-9-19	老挝证券交易委员会	证券期货监管合作谅解备忘录	北京
49	2012-4-24	瑞典金融监管局	证券期货监管合作谅解备忘录	斯德哥尔摩
50	2012-5-17	卢森堡金融监管委员会	证券期货监管合作谅解备忘录	北京
51	2012-5-17	塞浦路斯证券交易委员会	证券期货监管合作谅解备忘录	北京
52	2013-8-30	乌克兰国家证券和股市委员会	证券期货监管合作谅解备忘录	邮寄方式
53	2013-9-13	立陶宛银行	证券期货监管合作谅解备忘录	维尔纽斯

续表

序号	时间	境外机构	备忘录名称	签署地
54	2013-11-18	耿西岛金融服务委员会	证券期货监管合作谅解备忘录	北京
55	2014-1-20	白俄罗斯共和国财政部	证券期货监管合作谅解备忘录	北京
56	2014-2-17	文莱金融管理局	证券期货监管合作谅解备忘录	斯里巴加湾
57	2014-4-9	泽西金融服务委员会	证券期货监管合作谅解备忘录	北京
58	2014-6-9	马恩岛金融监督管理委员会	证券期货监管合作谅解备忘录	道格拉斯
59	2015-3-23	波兰金融监督管理局	证券期货监管合作谅解备忘录	华沙
60	2015-5-13	哈萨克斯坦国家银行	证券期货监管合作谅解备忘录	北京
61	2015-5-19	阿塞拜疆国家证券委员会	证券期货监管合作谅解备忘录	北京
62	2016-6-25	俄罗斯中央银行	证券期货监管合作谅解备忘录	北京
63	2016-7-14	阿布扎比全球市场金融服务监管局	证券期货监管合作谅解备忘录	北京
64	2017-5-13	智利证券和保险监管局	证券监管合作谅解备忘录	北京
65	2017-8-31	希腊资本市场委员会	证券期货及其他投资产品监管合作谅解备忘录	北京
66	2018-2-9	阿斯塔纳金融服务管理局	证券期货监管合作谅解备忘录	北京
67	2018-5-23	韩国金融委员会 韩国金融监督院	证券期货监管合作谅解备忘录	邮寄方式
68	2018-6-10	伊朗证券和交易组织	证券期货及其他投资产品监管合作谅解备忘录	青岛
69	2018-10-26	日本金融厅	关于促进两国证券市场合作的谅解备忘录	北京
70	2018-11-5	开曼群岛金融管理局	证券期货监管合作谅解备忘录	邮寄方式
71	2018-11-12	新加坡金融管理局	关于期货监管合作与信息交换的谅解备忘录	新加坡

备注：（1）2015年9月，印度远期市场委员会（FMC）与印度证券交易委员会（SEBI）合并，FMC与中国证监会签署的期货监管合作谅解备忘录由SEBI继承。

（2）卢森堡备忘录是在1998年5月18日中国证监会与卢森堡证券委员会签署的《证券监管合作谅解备忘录》基础上重新签署。

（3）乌克兰备忘录是在1997年12月22日中国证监会与乌克兰证券与股市委员会签署的《证券监管合作谅解备忘录》基础上重新签署。

（4）韩国备忘录是在2001年6月19日中国证监会与韩国金融监督委员会签署的《证券期货监管合作安排》基础上重新签署。

后记

在《中国证券监督管理委员会年报（2018）》的编写过程中，我们得到了各部门和系统内各单位的大力支持，在此表示衷心感谢，并特别感谢以下人员对此项工作的贡献：

年报编写组（按姓氏笔画排序）

丁 研	王景辉	付艳超	乔兆容	刘青松	刘超平	孙玉奎	宋有为
张 列	张 雷	李克坚	李思明	李 博	苏美旭	谷 雨	周 密
周 翔	罗 许	姚 远	段晓航	赵立新	桂苾鑫	聂元磊	龚欣阳
谢 莉	楚 哲	窦 静	翟智君	潘 博			

在年报的设计出版过程中，中国财政经济出版社等机构提供了协助，在此表示衷心感谢。

由于年报编写设计时间有限，书中难免有疏漏之处，欢迎提出宝贵意见。相关意见建议请发电子邮件至 bgtzyc@csrc.gov.cn，我们将及时予以反馈。

中证金融研究院

2019年5月

联系方式

中国证券监督管理委员会

热线电话：12386

信访电话：010-66210182

　　　　　010-66210166

网　　址：www.csrc.gov.cn

地　　址：中国北京西城区金融大街19号富凯大厦（100033）

微　　博：人民网：http://t.people.com.cn/csrcfabu

　　　　　新浪网：http://weibo.com/csrcfabu

微信公共号：证监会发布